JN071772

黙示録の希望

終末を生きる

岡山英雄［著］

いのちのことば社

まえがき

現代の危機

二十一世紀になり、特にこの十年間、世界は急激に変化しつつあり、前世紀とは全く異なる様相を見せ始めている。二〇二二年のロシア・ウクライナ戦争、二〇二三年のイスラエル・ハマス戦争は、収束の兆しが見えず、世界戦争へと拡大する危険が高まっている。また無人兵器、ドローンによる空爆は戦争の姿を一変させている。

二〇一一年に東日本大震災、そして二〇二四年には能登半島地震が起きた。二〇二三年に気候危機は深刻化し、気温は世界各地で史上最高を記録している。地球沸騰化の時代である。

二〇二〇年から三年間のコロナ禍で富の集中が進み、世界の富裕層上位十人の資産は、二倍以上になったと言われている。また二〇二四年、世界経済の崩壊の兆しが見られる。欧米の銀行や中国の巨大不動産業の破綻などである。

二〇二三年に急速に広まった生成AIの不気味なまでの進化により、制御が困難となり人類が滅亡する危機があるとの声明文が、二〇二三年五月、AI開発の専門家たちによって発表された。二〇一〇年からスマホが全世界に普及し、八十億の人間がSNSによって結びつき、一つの情報が世界を一瞬のうちに駆け巡る。しかも情報の真偽を見極めることがきわめて難しくなっている。

黙示録の預言

世界に何が起こっているのだろうか。これから世界はどうなっていくのだろうか。私たちはどのように生きていけばよいのだろうか。

これらの疑問に答える書がある。ヨハネの黙示録である。この書は世界の破滅や滅亡を預言する不気味な書、暗黒の書、絶望の書と思われてきた。しかしそうではない。黙示録はきわめてリアルに世界の実相を明らかにするとともに、やがてその暗闇の力が打ち砕かれ、正義と真理が最終的に勝利し、平和と恵みが全地を覆うと宣言している。

筆者はすでに黙示録関係の本を二冊出版したが（『小羊の王国』二〇〇二年、改訂版二〇一六年、いのちのことば社、『ヨハネの黙示録注解』二〇一四年、同社）、これらは網羅的に書かれているので、理解しにくいところもある。何とか黙示録の魅力をもっとわかりやすく、一般の方々に語りたいとこの数年、試行錯誤していたが、「希望」というテーマで黙示録全体を読み解くというアイデアが与えられた。

希望が失望に変わり、絶望となりつつある時代に、揺るぐことのない希望、輝かしい希望をどのようにして持つことができるのだろうか。黙示録の細部の解釈についてはすでに二冊の本で論じているので、全体の大きな流れに注目し、現代世界との関わりを考えたい。

黙示録の希望

現世的、楽観的な終末論も広がっているが、黙示録の希望はそれらとは異なる。それは現代世界を覆いつつある暗黒の力を直視し、その本質を見極め、しかも諦めることなく、最後まで戦い抜く力を与える希望である。

黙示録の希望とは何か。第1部　希望の理由（第1～4章）では、なぜ黙示録が希望の書であるのかを考える。第2部　希望の戦い（第5～8章）では、私たちはどのような戦いを戦うのか、軍事、情報、経済の三つの点から、戦いの本質にあるものを明らかにする。第3部　希望の完成（第9～12章）では、私たちはどのように最終的に勝利し、輝かしい栄光の世界が現れるのかを見る。

闇が世界を覆っているかのように見える中でも、真理と正義の光は輝いている。それゆえ私たちは失望することなく、最後まで希望を持って戦い抜くことができる。黙示録の希望とは何か、終末を生きるとはどういうことなのか。ともに黙示録を学んでいこう。

本書の黙示録の引用はすべて私訳（直訳）による（『ヨハネの黙示録注解』二八〜五三頁）。

黙示録の希望　目次

まえがき……3

第1部　希望の理由

第1章　新しい視点

第1節　希望の書……18

闇の中の希望／ヨハネの苦難／教会の苦難／ローマの繁栄

第2節　天の視点……22

黙示録の構造／天の玉座／創造者の礼拝／天から地を見る

第3節　完成の視点……27

屠られた小羊／歴史の完成／時系列ではない／終わりから今を見る／二つの視点

第2章　天の国への道

第1節　すぐに天へ……35

死後どこへ行くのか／天の大群衆／キリストの死と復活／十字架の犯罪人／最初の殉教者ステパノ／死ぬことも益／中間状態

第2節　神のあわれみ……41
火の池／信者への警告／福音を聞かなかった人／自然／良心／一般恩恵
第3節　天の故郷……46
寄留者として／究極の国／影の国、C・S・ルイス／内村ルツ子の死／来世的キリスト教／天の希望
第3章　新しい旅
第1節　天災による覚醒……53
天からの災い／封印の開封／イエスの終末預言／イエスの終末預言と黙示録／時のしるし／現代は終末の時代／天地の変化／最終的審判
第2節　出エジプトと黙示録……62
覚醒、開眼／旅立ち／出エジプトの十の災い／苦難による旅立ち／地震による旅立ち／モーセの歌・小羊の歌
第3節　苦難から栄光へ……68
完成へ向かって／産みの苦しみ／十字架と復活／パウロのうめき／歴史のゴール／都上りの歌

第4章　預言の成就
第1節　預言の書・黙示録……75
預言の成就／預言の成就・パスカル／パスカル・十字架の預言／黙示録と旧約
第2節　エレミヤ書と黙示録……78
エレミヤとにせ預言者／黙示録とエレミヤ書の対応／将来と希望
第3節　エゼキエル書と黙示録……82
苦難の中で／七十年の捕囚／四百年の奴隷、四十年の荒野の旅／預言の成就／三重の成就／①神殿の水・再建／②聖霊／③新しいエルサレムの川
第4節　七つの手紙と幻……89
七つの手紙／手紙と幻
第2部　希望の戦い
第5章　神と竜
第1節　二つの王国……94
二つの王国／赤と白の対比／黙示録の対比表現

第2節　竜の攻撃……98
竜・悪魔／創造者と被造物／竜の敗北／竜の怒り／悪魔との戦い／神と竜／竜の策略

第3節　麦と毒麦……104
「麦と毒麦」のたとえ／「からし種」と「パン種」のたとえ／二つのグローバル化／「麦と毒麦」の終末論

第6章　小羊の勝利

第1節　獣の暴力……108
「獣」の幻／竜と獣の礼拝／獣とローマ帝国／神のしもべ／獣化

第2節　小羊の非暴力……111
屠られた小羊／和解の王国／黙示録の非暴力／パウロの非暴力／天の国籍／初代教会の非暴力

第3節　非暴力の勝利……116
キリスト教国による戦争／四世紀の変化／内村・非戦／腕力の福音／愛国者／現代の戦争／非暴力的抵抗／キング牧師の非暴力／終末的ヴィジョン

第7章　二人の証人とにせ預言者

第1節　にせ預言者と二人の証人……126
第二の獣／獣の刻印／善の偽装／二匹の獣と二人の証人／証言による殉教／敗北ではなく勝利／スミルナの教会／証言による勝利

第2節　迫害と証言……133
長崎・二十六聖人の殉教／ローマ帝国と日本／十字架と天国／浦上四番崩れ／大日本帝国憲法／不敬事件／ホーリネス弾圧

第3節　真理の証言……140
ポスト真実／断片化／にせの平安／戦争プロパガンダ／監視／統一教会／国家神道の復権／改憲草案／真理の証人、フォン・ガーレン司教／バルメン宣言／福音の世界宣教

第8章　新しいエルサレムの勝利

第1節　富の礼拝……153
獣と大バビロン／大淫婦／物欲／富の礼拝／貪欲／ラオデキヤ教会／模倣の国

第2節　大バビロンと現代……159
大バビロンの巨大さ／貧富の格差／商品化／気候危機／軍需産業／終末の世界帝国／陰謀論

／短い時
第3節　新しいエルサレムの栄光……166
獣の国の退場／大バビロンの倒壊／真の富／宝石の都／清貧／貧しい人と共に／中村哲／法的規制／キリストの富

第3部　希望の完成

第9章　キリストの再臨

第1節　花婿と花嫁……176
喜び踊る／神とイスラエル／キリストによる回復／花婿の来臨
第2節　ハルマゲドンの戦い……179
天の軍勢／口の剣／正義と平和／キリストの平和／エジプトとアッシリア／永遠の平和／キング牧師
第3節　最後の審判……185
大きな白い御座／正義の実現／タラントのたとえ／走るべき道のり／知っている
第4節　再臨信仰の確立……190

イエスの証言／御使いの約束／パウロの証言／再臨への嘲り／宇宙的変革／五十八歳の信仰／預言の成就／近親者の死／聖霊体験と再臨信仰／聖霊によって見る／内的再臨と外的再臨／天国の一瞥／天国の前味／世界情勢／待ち望む／再臨の待望

第10章　患難期

第1節　前後患難期説……206

ジョン・ダービー／携挙／患難期前携挙／ハル・リンゼイとレフトビハインド／保守派とキリスト教右派

第2節　後患難期説……212

苦難の意義／苦難は恵み／苦難と希望／天と地の分離／「迎え」て戻る／イスラエル民族／イスラエルの独自性／イスラエル共和国／黙示録のイスラエル／天の大群衆と十四万四千人／諸国民の救い／漸進的ディスペンセーショナリズム／大きな一致、小さな違い／再臨、患難期、天国、新天新地

第11章　千年期

第1節　前千年期説……227

前千年期説／四世紀の変化／キリスト教の勝利／アウグスティヌス『神の国』／中世／宗教改革／ピューリタンの終末論／バルトの終末論／モルトマンの終末論／前千年期説／黙示録の終末論／第一の復活（アナスタシス）／アナスタシスは肉体の復活／開始された終末論

第2節　「近づいた」神の国……242
イエスの宣教／まだ来ていない／来臨が近づいた／神の国は「来ている」／すぐ近く／この世の神／時が近い／七〇年の滅亡／イエスの警告／比喩的解釈／しるしはない／預言の頂点／王となられた／来たりつつある／永遠の王国／時が満ちた／神の国が来るように

第3節　教会と国家……261
再臨を待ち望む／二つの国葬／日本とイギリス／英国国教会／大英帝国とキリスト教／ローマ帝国と大英帝国／キリシタン迫害／迫害と教会／新しい流れ／患難期の神学／現代の危機／患難期の軽視／アウグスティヌスの警告／「三年半」の迫害／患難期の目的／新しい宗教改革／十字架と復活の終末論

第4節　患難期の終末論……274
患難期と千年期の対比／H・ベルコフ／「三年半」／「三年半」と「千年」との対比／患難期と千年期の意味／逆説の王国／緊急時の終末論／パウロの逆説／苦難の王国／苦難の勝利／苦難と永遠

第12章　新天新地

第1節　新しい天と地……287
根源的変化／エデンの園を超える／希望の総括

第2節　新しい体……291
聖化と栄化／復活の体／体の贖い／朽ちない体／死はない／神を見る／利他／天の故郷
第3節　都の相続……297
神の子として相続
第4節　万物の礼拝……299
万物の和解／万物の礼拝／堕落／ノアの箱舟／被造物のうめき／万物の回復／荒れ地に水／万物の賛美／来てください、主よ
注……307
あとがき……311

装丁　長尾　優

第1部　希望の理由

第1章　新しい視点

第1節　希望の書

黙示録を読むと、戦争、ききん、疫病などで多くの人々が死ぬという記述に強い印象を受ける。それゆえこの書は恐怖の書であるように思える。しかしそうではない。これらの災いは黙示録の幻の一部であり、それはこの書のメッセージの核心ではない。

黙示録は希望の書である。困難の中で先が見えない不安に苦しむとき、輝かしい最終的な勝利の幻を示し、地上の戦いを屈することなく戦い抜くようにと励ます希望の書である。

闇の中の希望

希望、確かな希望を持つことができるなら、私たちはどんな困難にも耐えることができる。本当の希望とは何か、揺るぐことのない真の希望とは何か、黙示録はそれを私たちに教えてくれる。

物事に良い兆しが見えてきたとき、私たちは光が見えてきた、希望を持てるようになったと言う。しかしいっこうに事態が好転せず、深い暗闇に閉ざされ光が見えないとき、私たちは失望し、やがてそれは絶望に変わる。

暗黒の中にあるとき、好転する徴候が見えないとき、どのようにして私たちは希望を持つことができるのだろうか。黙示録はその希望を私たちに示す。

なぜならヨハネが黙示録を書いた一世紀末、彼自身、そして教会は暗黒の中にあったからである。ヨハネはそして教会は、どのようにして絶望的な状況の中で、揺るぐことのない希望を持つことができたのだろうか。

ヨハネの苦難

著者ヨハネは人生で最大の苦難の中にあった。彼は使徒ヨハネであると思われるが、紀元三〇年代にイエスと共にいたヨハネは、黙示録の書かれた九〇年代にはかなりの高齢であり、おそらく八十歳を越えていたと思われる。

彼は孤独だった。兄のヤコブはヘロデ王によって殺され（使徒12・2）、六〇年代のネロ帝の迫害によってペテロ、パウロが殉教し、十二使徒のほとんどは世にいなかった。

エルサレムでペテロと共に教会の誕生と進展に尽くしたヨハネは、その後、小アジア（現在のトルコ）のエペソへ移り、そこで長老として初代教会を導いていた。しかし九〇年代に自らを神と称するドミティアヌス帝の迫害によって、地中海の孤島パトモスへ流された。

ヨハネは自らについて語る。

「私ヨハネはあなたがたの兄弟であり、イエスにある苦難、王国、忍耐を共にしている。私はパトモスと呼ばれる島にいた。神の言葉とイエスの証しのためである」（黙1・9）

その暗黒の中で、ヨハネは神によって幻を見た。そしてその幻によって、確かな揺るぐことのない希望を与えられた。それはどんな希望だったのか。

教会の苦難

ヨハネは厳しい現実に直面していたが、教会も苦難の中にあった。当時の教会が直面していた問題は黙示録2、3章の七つの教会の手紙に記されている。

一世紀、教会にはさまざまなにせの教えが広がっていた。「にせ預言者イゼベル」（２・20）はテアテラの教会を混乱させ、「にせ使徒」はエペソの教会を惑わし、「にせのユダヤ人」は、スミルナ、フィラデルフィヤ教会を苦しめていた（２・９、３・９）。

さらに「バラムの教え」（２・14）や「ニコライ派の教え」（２・６、15）が、ペルガモの教会を偶像礼拝に巻き込んでいた。またこの地には、皇帝礼拝のための「サタンの王座」（２・13）があり、「アンテパス」はキリストの「忠実な証人」として殉教した（２・13）。またラオデキヤの教会は「豊かさ」の中で「なまぬるく」なっていた。

キリスト者は一世紀末には少数であり、四世紀半ばまで、帝国の全人口の一％ほどであったと言われている。多神教、そしてしばしば皇帝礼拝を強要する強大なローマ帝国の中で、教会は消え失せそうな存在だった。

ローマの繁栄

苦難の中にある教会に対し、ローマ帝国は繁栄し二世紀に黄金期を迎える。「五賢帝」の時代、トラヤヌス帝（九八〜一一七年）の治世において帝国はその最大領域に達する。首都には各国からの富が流れ込み、人々は豊かな生活を満喫していた。「人類が経験した最も幸福な時代」（ギボン）とも言われている。確かに歴史上、これほどの多民族を長期間にわたって支配した例はまれである。

ローマの富と繁栄、権力と栄光は「永遠」とたたえられ、人々はローマのもたらす「平和」と「幸福」に酔いしれていた。ローマ市民権は特権であり、人々は皇帝をたたえ、皇帝礼拝が各地で自主的に行われ、そのための神殿が建てられた。また自らを神格化する皇帝も現れた。すなわちヨハネが黙示録の幻を見たとき（九五年頃）、教会は困難の中にあり、直面している現実には光は見いだせなかった。それに比べ、ローマ帝国は繁栄し、絶頂期を迎えようとしていた。

このような厳しい現実の中で、ヨハネはどのようにして希望を持つことができたのだろうか。

第2節　天の視点

黙示録の構造

まず黙示録を概観しよう。全体は大きく三つの部分から成り立っている。

①1章は序、②2、3章は七つの教会への手紙、③4～22章は天と地の幻である。

また4～22章の幻は①天の幻、②天から地への災いの幻、③地の幻という三つに分類できる。

章	天	天→地	地
1			序　イエスの顕現
2			手紙　エペソ、スミルナ、ペルガモ、　テアテラ
3			手紙　サルデス、フィラデルフィヤ、　ラオデキヤ
4、5	①神と②小羊の礼拝		
6		七つの封印	
7			十四万四千人
7	天の大群衆		
8、9		七つのラッパ	
10			小さな巻き物
11			③二人の証人　　　←②獣
12	女と竜		
12	竜とミカエルとの戦い		竜の転落
13			①竜と②獣の礼拝←③にせ預言者
14			十四万四千人
15	モーセと小羊の歌		
16		七つの鉢	
17、18			④大バビロン　　　＋②獣
19	キリストの来臨		
20			千年王国
20	審判		
21、22	④新しいエルサレム		（新天新地）

天の玉座

ヨハネはどんな希望を与えられたのか。最初の幻、天の永遠の礼拝（黙4、5章）を見てみよう。この幻に黙示録の終末論の核心が示されている。闇の力が支配する地上で苦難の中にあったヨハネは、聖霊によって天に上げられ、神の玉座と天の礼拝を目撃する。

「『ここに上れ。この後、起こるべきことをあなたに示そう。』たちまち私は霊によって満たされた。すると見よ。御座が天にあり、その御座に座す方がおられた」（黙4・1、2）

黙示録では、父なる神は「御座に座す方」と呼ばれる。この世界の支配者は誰なのか、その王座はどこにあるのか。それが黙示録の重要な主題である。「座」（スロノス）は新約で六十二回出るが、そのうちの四十七回は黙示録である（次はマタイの四回）。ローマには皇帝の玉座があり、そこから皇帝が帝国を支配している。しかし地上の権力の、そのはるか上に万物を支配する神がおられ、その永遠の玉座がある。その方は「碧玉や赤めのう」のようであり、玉座の周りには「エメラルドのような虹」が輝いていた。

創造者の礼拝

ヨハネは神の玉座の周りに、二十四の座とそこに座す「二十四人の長老」を見た。彼らは「白い衣を着て、頭には金の冠」があった。彼らは旧約の十二部族、新約の十二使徒に代表される神の民である。

さらにヨハネは、玉座の周りで永遠の神を賛美している「四つの生き物」を見る。彼らは被造物を象徴する天使的存在である。それらは「獅子（しし）、雄牛、人間、鷲（わし）」のようであり、それぞれ六つの翼がある。そして「聖なるかな、聖なるかな、聖なるかな。主なる神、全能者、かつておられ、今おられ、来つつある方」と叫んでいる（黙４・６〜８）。「四つの生き物」の賛美に呼応して、「二十四人の長老」が創造主を賛美して言う。

「あなたはふさわしい。主よ。私たちの神よ。栄光、誉れ、力を受けるのに。
あなたは万物を創造し、あなたの意志によって万物は存在し、また創造されたから」

（黙４・11）

永遠の神（４・９）、創造主なる神（４・11）が天の栄光の玉座から全地を支配している。ヨハネは世界の真の支配者が誰であるのかを知った。

聖霊によってヨハネは天に上り、地上の苦難を超えた永遠の勝利と栄光を目撃し、新しい視点、天の視点を与えられた。黙示録は、私たちに地上を離れ、天から地を見渡すように、天の視点を持つようにと私たちを招いている。

天から地を見る

私たちは地上で生き、地上の戦いを戦う。重要なのは直面する問題を、どのような視点から見るかである。通常私たちは地にあって地の視点から物事を見、出来事の意味を考える。その視野は限定されており、一部分しか見えない。しかし細部のみを凝視していると、全体が見えなくなり問題の本質を見失う。鋭い識別力を持つためには、視点を変えて全体を見渡す必要がある。

ある事実を異なる視点から眺めると、今まで見なかったものが見えてくる。違う角度から見ると、事件は別の様相を呈しその核心に達することができる。より高い地点から俯瞰するなら、問題の全体像が見える。全体を鳥瞰し、その中に個別の事件を位置づけることができる。地から天を見上げるのではなく天から地を見下ろすなら、空間的な視点の転換によって新しい洞察を得ることができる。

そのような高い視点を持つことはきわめて難しい。しかし黙示録の著者ヨハネのように、神の霊によって眼を啓かされるなら、新しい視点、天の視座、新たな物の見方（パースペクティブ）が与えられる。

第３節　完成の視点

屠られた小羊

黙示録５章で「小羊」が登場する。ヨハネは世の終わりについて記した「巻き物」を開く者がいないので激しく泣いていた（黙５・１～４）。すると「二十四人の長老」の一人が言った。

「泣くな。見よ。勝利した。ユダ族から出た獅子、ダビデの根が。彼がその巻き物と七つの封印を開く」（黙５・５）

しかし「ユダ族から出た獅子」を期待してヨハネが見上げたとき、そこに立っていたのは「獅子」ではなく、「屠られたと見える小羊」（５・６）だった。勝利したのは威厳に満ちた「獅子」ではなく、弱く無力に見える「小羊」であった。

イエスは私たちのために小羊として十字架で死に、流した血によって私たちを救った。人類の贖いを成し遂げた小羊キリストだけが、巻き物の封印を開封し、歴史の秘密を明かすことができる。「四つの生き物と二十四人の長老」は「新しい歌」を歌う。


「あなたは巻き物を受け取り、その封印を開くのにふさわしい。

あなたは屠られて、神のためにその血によって人々を贖われた。

すべての部族、言語、民族、国民の中から」（黙５・９）

「獅子」でありながら「小羊」として登場したイエスは、この後、一貫して「小羊」として現れ二十八回登場する。王権のシンボルとして用いられる動物は通常は力強い「獅子」である。ソロモン王の玉座の両側には二頭の「雄獅子」、そして段の両側には十二頭の「雄獅子」が立っていた（Ｉ列王10・18～20）。

しかし黙示録において、勝利し巻き物の封印を解くのは、無力に見える「小羊」である。

この小羊の幻こそが、黙示録において最も重要な幻である。黙示録では「小羊」は礼拝されるべき救い主（黙５・９）、全能の審判者（黙６・16）、民を導く羊飼い（黙７・17）、生命を与える神（黙13・8）、すべてを支配する王（黙17・14）である。

それゆえ神の国は小羊の王国であり、神の民は小羊の民である。牧者として民を導く「小羊」キリストは、「主の主、王の王」として来臨し、天の軍勢を率い「獣」とその軍勢を打ち砕く（黙17・14）。無力に見える「屠られた小羊」こそが、真の王、勝利者、支配者である。ここに黙示録のメッセージの核心がある。

歴史の完成

ヨハネは天の礼拝の幻によって、この世界を真に支配している方は誰か、礼拝さるべき方はどなたかを知った（黙4章）。さらに十字架で死んで復活した小羊キリストこそが、巻き物の封印を解いてその謎を明らかにし、地上の歴史のすべてを導く方であることを知る（黙5章）。

天の礼拝の幻（黙4、5章）は、万物による神と小羊の礼拝で頂点に達する（本書の第12章で詳述する）。

「天上、地上、地下、海上のすべての被造物、またその中にあるすべてのものがこう言うのを聞いた。『御座に座す方と小羊とに賛美、誉れ、栄光、権力が世々永遠にあるように』」（黙5・13）

これは歴史の究極である。天地創造によって始まった地上の歴史は、新天新地における万物の礼拝で完成する。神は歴史を始め、導き、完成する。

「わたしはアルファであり、オメガである。
初めであり、終わり（テロス）である。最初であり、最後である」（黙22・13）

「テロス」（終わり）というギリシア語には、目的、完成という意味がある。歴史は絶望的に終わるのではなく、壮大な目的が達成され、輝かしい完成の日を迎える。「終末」論とはすべてが破壊されて無になることではなく、世界の歴史が究極に至り、完成することである。神の国は現世の暗黒のただ中に建てられ、やがて新天新地においてその全貌を明らかにする。

人間の死が復活の生命に変えられるように、宇宙の終わりは新天新地の栄光に変えられる。私たちはこの大いなる希望に生きる。私たちの希望の源泉は、歴史の最終的な目標、ゴールを確信することにある。絶望的に悪化していくかのように見える世界のただ中に、確かな希望の光が輝いている。

時系列ではない

黙示録は最初の幻で、万物による神と小羊の礼拝という歴史のゴールを示している。すなわち黙示録は、時系列では書かれていない。これは黙示録を読むときに重要である。たとえば福音書では、イエスの生誕から十字架の死、そして復活へと、ほぼ時系列で三十数年の出来事が記されている。

しかし黙示録の幻（4～22章）では、全体としては再臨（19章）と新天新地（21章）に向かって進んでいくが、4～18章は時系列では描かれていない。キリストの再臨は歴史の究極であり、黙示録19章に記されているが、それだけではなく6、11、16章などでも描かれている。たとえば6章の第六の封印の開封、11章の第七のラッパの吹かれた時、14章の鎌による刈り入れ、16章の第七の鉢の注ぎ、そして18章の大バビロンの滅亡などはキリストの再臨とともに起こる。

このように黙示録は初臨から再臨までの歴史を、さまざまな角度から多様に描いている。これは黙示文学の特徴である。黙示録は最初に歴史の究極、最終的勝利、万物による礼拝を示し、そこに至るまでの数々の戦い（黙６～18章）に勝利するよう私たちを励ましている。この究極の勝利の幻は、天のエルサレムの幻（黙21、22章）として再び登場し、その全容を明らかにする。

地上の戦いには困難があるが、闇の力は打ち砕かれ、光の国が最終的に勝利する。私たちは、すでに決着のついた勝ち戦を戦っている。それゆえ確かな希望がある。

終わりから今を見る

黙示録は最初の幻で歴史のゴールを示し、それに続いてそこに至るプロセスを示す。究極の未来から振り返ってみるように現在を見る。終わりから見るという終末的視点、完成の視点を黙示録は私たちに与える。

戦いの最終的な勝利が決しているなら、恐れることはない。最後に勝つことを知っているなら、一時的な敗北に失望することはない。

私たちは通常、現在から未来を推測して生きている。そのため遠い未来ほど不明になる。出来事は進行中はその意味を悟るのは難しい。しかし決着がついて振り返ってみると、全体の意味が明らかになる。

もし私たちが事態の結末を知り、その時点から遡るように現在を見ることできるなら、発端からの全貌が明らかになる。黙示録は究極の未来を鮮やかに示し、その終わりの完成の時点から現在を見るように促している。

私たちの時間的な視野は通常、今日という一日、その前後の数日である。それが数週間、数か月、時には数年になることもあるが、数十年はほとんどないし、数百年は不可能である。しかし黙示録を読むと、私たちの視界は一気に拡大し、天地創造から新天新地へと広がり、歴史の全体を見ることができる。

地上の現実を見ると、問題が山積し、事態は悪化の一途を辿っているかのように思えるときがある。問題の深刻さに圧倒され、失望に打ちのめされることもある。しかし短期的には困難な問題でも、長期的な視点から見ると、解決の光が見えてくることがある。もし事件の終局、歴史のゴールが明らかになれば、すべての問題をそこに至るプロセスの一つとして位置づけることができる。

天からの新しい光によって全歴史を統一的に理解するなら、私たちは過去の意味、未来への展望、そして現在への洞察を得ることができる。そして確かな希望を持って立ち上がることができる。

二つの視点

苦難の中にあったヨハネは聖霊によって天に上げられ、神と小羊が今、天から全地を支配していること、そして歴史は神と小羊の万物による礼拝という究極の目的に向かって進んでいることを知った。彼は天の視点と完成の視点を与えられた。

視座を空間的に移動して天の視点を得たなら、広い視野の中で地上の現実を俯瞰的、全体的に見ることができる。同様に、視座を時間的に移動して完成の視点を得たなら、歴史の全体を見渡して現在を到達地点から見ることができる。

黙示録はそのような新しい二つの視点を私たちに与える。黙示録は私たちのものの見方、捉え方、パースペクティブを根源的に変革し、新しい展望を与え、新たな生の次元を開く。現実は闇の中にあるかのように見えても、問題を異なる視点から見るなら、輝かしい希望の光が射してくる。

天の視点と完成の視点、二つの視点を持つことによって、私たちは目前の出来事に翻弄されることなく、全体の流れを見渡しその潮流の核心を見抜くことができる。天の光によって地上の問題の本質を悟るなら、私たちはもはや暗黒の力によって惑わされることはない。また私たちが最終的な勝利を確信するなら、その途上にあるどんな困難をも乗り越えていける。

ヨハネは天の視点と完成の視点、二つの新しいパースペクティブによって、最終的な勝利を確信した。そしてその喜びと励ましを、苦難の中にある七つの教会に書き送った。

それゆえ黙示録は希望の書である。

第2章　天の国への道

第1節　すぐに天へ

死後どこへ行くのか

黙示録は4、5章で世界の歴史の究極、ゴールを明らかにした。それを知って私たちは地上でどんな苦難があっても、最終的な勝利を確信し、希望を持って生きることができる。

では私たちは死後どこへ行くのだろうか。黙示録が書かれたとき、すでにペテロ、パウロは六〇年代に殉教し、十二使徒のほとんどは世にいなかった。ヨハネも高齢となり死期が迫っていた。

死後どこへ行くのか、それは私たちにとって切実な問題である。世界の歴史の終局は明らかにされたが、個人の歴史、人生の終局、死後の世界はどのようなものなのだろうか。
黙示録はこの問いにも明確に答える。

天の大群衆

4、5章の天の礼拝では、全生物を示す「四つの生き物」と神の民の代表である「二十四人の長老」が登場するが、地上の歩みを終えた民の姿は描かれていない。それを明らかにするのは、黙示録7章の天の大群衆の幻である。
ヨハネは天で「誰にも数えきれないほどの大群衆」（黙7・9）を見る。彼らは「すべての国民、部族、民族、言語」から成り、「白い衣を着、しゅろの枝を手にして」、「御座の前、小羊の前に」立っている。

「彼らは大声で叫んで言う。
『救いは御座に座す私たちの神と小羊とにある』」（黙7・10）

彼らは誰なのだろうか。長老の一人が語る。

「彼らは大きな苦難から来た者たちで、その衣を小羊の血で洗って白くした」(黙7・14)

彼らは「小羊の血」によって「衣を白くした」者たち、すなわちキリストを救い主と信じ、地上の歩みを終え、天に上げられた者たちである。彼らは御座と小羊の前に立ち、神を賛美している(黙7・15)。

私たちは死後すぐに天に上げられ、この天の大群衆、礼拝の民の一員とされ神をほめたたえる。

キリストの死と復活

旧約では死ぬと「眠る」、「よみ」に行く、「暗いところ」へ行く、などと言われており、死後の世界については明確ではなかった。しかしキリストが十字架で死んで復活し、天に帰って先駆けとなり、天への道を開いた。それゆえ私たちは確信を持って死後の世界、天の礼拝について語ることができる。

十字架の犯罪人

イエスは十字架でこの天の国への道を約束した。イエスと共に二人の犯罪人が十字架につけられたが、その一人は悔い改め信仰を告白した。すると彼は死後ただちに天国へ行くと、イエスは宣言した。

「あなたは今日、わたしとともにパラダイスにいます」（ルカ23・43）

パラダイスは天国と同じである。そこには永遠の「生命の木」がある。

「勝利する者には、わたしは生命の木の実を食べることを許そう。それは神のパラダイスにある」（黙2・7）

この約束は金曜日に与えられた。ユダヤ教では日没とともに日付が変わるので、ここで言われている「今日」とは日没までである。イエスは午後三時頃に息を引き取ったので、その数時間後にはこの約束が成就して、犯罪人はイエスと共に天国・パラダイスに移ったことになる。

私たちは死後どこか暗い所へ行くのではなく、ただちに天へ移される。

最初の殉教者ステパノ

最初の殉教者ステパノの最期も、私たちが死後どこへ行くのかを明らかにする。死の直前、彼は天のイエスを仰ぎ見る。

「聖霊に満たされ、じっと天を見つめていたステパノは、神の栄光と神の右に立っておられるイエスを見て、『見なさい。天が開けて、人の子が神の右に立っておられるのが見えます』と言った」（使徒７・55、56）

彼は死後すぐに天のイエスのもとへ行った。「彼は眠りについた」とあるが、実際に眠ったのではない。眠るは「死ぬ」の婉曲表現である。キリストは神の右に着座している。立っているのは、最初の殉教者ステパノを迎えるためである。[1]

死ぬことも益

パウロは、死後にはただちに天に上げられキリストと共にあることを確信し、それを願っていた。

「私の願いは、世を去ってキリストとともにいることです。そのほうが、はるかに望ましいのです」（ピリピ１・23）

世を「去る」（アナリュオー）は、縛ってあるものを解く、船が錨を上げて出発することを意味し、天幕を解体して出発することをも意味する。キリストにある死は、天の国への輝かしい旅立ちである。

パウロは肉体を脱ぎ捨て、天の神のもとへ行くことを切望していた。

「私たちはこの（地上の）幕屋にあってうめき、天から与えられる住まいを着たいと切望しています。……私たちは心強いのですが、むしろ肉体を離れて、主のみもとに住むほうがよいと思っています」（Ⅱコリント５・２、８〔括弧内著者〕）

中間状態

死後、天の国にいることは中間状態と呼ばれている。天へ行くことが最終的なゴールではない。私たちは「白い衣」を与えられ、神と小羊を賛美しつつ完成の日を待つ。キリストの再臨の日に私たちは復活し、栄光の体、朽ちない体を与えられる。その日、歴史は完成し、すべてが新しくされる（第12章を参照）。

死後の世界、個人の歴史の究極についてこのように明確に示されているので、私たちはもはや死を恐れない。

第２節　神のあわれみ

火の池

キリストを信じて死んだ人々はすぐに天に上げられ、神のもとへ行く。では信じなかった人々はどうなるのだろうか。彼らには希望がないのだろうか。

黙示録には「不信仰の者」が「火と硫黄との燃える池」の中で苦しむと書かれている。この厳しい裁きは何を意味するのだろうか。

「勝利する者はこれらのものを相続する。……しかし臆病者、不信仰の者、憎むべき者、人を殺す者、淫行をする者、魔術を行う者、偶像を拝む者、すべて偽りを言う者の受ける分は、火と硫黄との燃える池の中にある。これが第二の死である」(黙21・7、8)

信者への警告

黙示録を読むときに注意すべきことがある。この書は七つの教会に宛てられた手紙である。2、3章だけではなく、4～22章を含む全体が教会への手紙である。すなわち読者は福音を聞いて信じたキリスト者である。

黙示録の厳しい警告はキリスト者に与えられている。黙示録が書かれた一世紀末、教会は厳しい試練の中にあった。この世の生命か永遠の生命か、私たちは選択を迫られることがある。厳しい迫害の中で、どちらかを選ばねばならないときがある。そのときこの世のつかの間の生命を選んで信仰を捨てるなら、厳しい永遠の裁きを覚悟しなければならない。すなわちこれは信じたキリスト者に対する厳粛な警告であって、未信者一般の死後について述べたものではない。

福音を聞かなかった人

福音を聞いて信じながら、それを捨てた者には厳しい警告が与えられている。では福音を聞く機会のなかった人々はどうなるのか。この問いにはパウロが答えている（ローマ２章）。私たちは聖書やキリスト教を知らなくても、二つの方法で神を知ることができる。

自然

一つは自然でありもう一つは良心である。雄大な自然、その荘厳な美しさを見るとき、私たちはその偉大さに感動し、人間の小ささを知る。そして天に目を向け、天がすべてを見ておられるという感覚を持つ。天が知っている、天の前に正しく生きようと願う。実際に、後ろは山、前は海という愛媛県の雄大な自然の中で育ち、その美しさに打たれ、小さい時から天地を造られた神の存在を信じ、後にキリスト者となった人がいる。

パウロは言う。

「神の、目に見えない性質、すなわち神の永遠の力と神性は、世界が創造されたときから被造物を通して知られ、はっきりと認められる」（ローマ１・20）

良心

もう一つは良心である。良心が麻痺し、犯罪を繰り返しても何の痛みも感じない人もいるが、鋭い良心をもって自己を省察し、人間として正しく生きた人々が数多くいる。両者の裁きは異なる。

すべての人間は神の形に造られている。それゆえどんな民族にもさまざまな形の礼拝があり、盗みや嘘、殺人、姦淫などの罪を犯すと良心の痛みを覚える。

パウロは言う。

「律法を持たない異邦人が、生まれつきのままで律法の命じることを行う場合は、律法を持たなくても、彼ら自身が自分に対する律法なのです。彼らは、律法の命じる行いが自分の心に記されていることを示しています。彼らの良心も証ししていて、彼らの心の思いは互いに責め合ったり、また弁明し合ったりさえするのです」（ローマ２・14、15）

神から与えられた良心の声に従って生きるか、それを無視して欲望のままに生きるか、神はすべてを見て知っておられ、ひとりひとりを正しく裁かれる。

一般恩恵

神は人を滅ぼすために造られたのではない。

「神は、すべての人が救われて、真理を知るようになることを望んでおられます」（Ⅰテモテ２・４）

神の一般恩恵はすべての人に及んでいる。

「父はご自分の太陽を悪人にも善人にも昇らせ、正しい者にも正しくない者にも雨を降らせてくださる」（マタイ５・45）

神は私たちに「天からの雨と実りの季節を与え、食物と喜びで」私たちの心を満たし、恵みを施している（使徒14・17）。

神は被造物のすべてを愛しておられる。それゆえすでに亡くなった人々については、神の愛を信じてその御手にゆだねよう。

第3節　天の故郷

寄留者として

私たちは死後直ちに天の国へ行く。私たちの国籍は天にある。天の国こそが私たちの永遠の故郷である。私たちはこの天の永遠の都をめざして歩む「旅人」、地上の「寄留者」である。旧約聖書の聖徒たちは、この天の故郷をめざして地上の旅を続けた。彼らは「地上では旅人であり、寄留者であることを告白してい」た。彼らが憧れていたのは、「天の故郷」だった。

「（彼らは）地上では旅人であり、寄留者であることを告白していました。……もし彼らが思っていたのが、出て来た故郷だったなら、帰る機会はあったでしょう。しかし実際には、彼らが憧れていたのは、もっと良い故郷、すなわち天の故郷でした。……神が彼らのために都を用意されたのです」（ヘブル11・13〜16〔括弧内著者〕）

ダビデもまた苦難の中で主に叫ぶ。

「私は　あなたとともにいる旅人
　すべての先祖のように　寄留の者なのです」（詩篇39・12）

究極の国

天の国は歴史の目的であり究極である。むしろ天の国が実体、「本体」であり、地上の国はその「本物の模型」、「写し」である（ヘブル９・23、24）。

「キリストは、本物の模型にすぎない、人の手で造られた聖所に入られたのではなく、天そのものに入られたのです」（ヘブル９・24）

影の国、C・S・ルイス

私たちは病や死別など地上のさまざまな悲しみ、苦しみを通して目が開かれ、永遠の世界をかいま見る。光に満ちた天の国に比べれば、この世は「影の国」shadowlandsである。

天国への強い憧れに生きた作家の一人は、『ナルニア国物語』を書いたC・S・ルイスである。ルイスは九歳で母を亡くし、六十二歳のとき妻を天に送った。妻ジョイとの結婚生活は四年間だった。牧師による結婚式は病床で、新婦が重い病を得て、もはや回復の見込みがない中で執り行われた。その後、奇跡的に回復し、数年間は通常の生活を送ったが、再発し四十五歳で天に召され、ルイスもその数年後に召天した。

彼らは病床で語り合った。この世はshadowlands「影の国」でしかない。私たちが生きるべき世界は永遠の御国、天の故郷、「天の国」であって、そこにこそ真の世界、光の世界がある。影の国から光の国へ、つかの間の世界から永遠の世界へ移りゆくことこそが、彼らにとっての希望だった。

内村ルツ子の死

内村鑑三が、永遠の世界、天の国に眼が開かれたのは娘ルツ子の死によってだった。一九一二年（大正元年）一月十二日、内村五十一歳のとき、十九歳の娘ルツ子は突然の病で床に伏し、六か月の闘病の後、召天した。これは内村鑑三の人生における最も衝撃的な事件の一つであった。彼は記した。

「この日、我らの愛するひとりの少女は我らを去りて、我らの天地は一変した。この日、聖国（みくに）の門は我らのために開かれた」（『一月十二日』一九一八年）

この死別によって、彼の信仰は現世的信仰から来世的信仰へと深まった。彼は最愛の娘の死という悲しみの中で天国のリアルな存在を体験し、それを詩にした。

「四人の食卓
我らは四人であった。そして今なお四人である。
戸籍の帳簿に一人の名は消えて
四角の食台の一方は空しく
四部合唱の一部は欠けて
賛美の調子は乱れたけれども
しかし、私たちは今なお四人である。

我らは、今なお四人である。
地の帳簿に一人の名は消えて
天の記録に一人の名は増えた。
三度の食事に空席はできたが

残る三人はより親しくなった。
彼女は今、我らの内にいる。
一人は三人をしばる愛の絆となった」

来世的キリスト教

内村の信仰は、特に愛娘ルツ子の召天以後きわだって「来世的」であり、現世を超越している。現世と来世を比較して彼は書いた。

「今世は実に夢世でありますしかし夢は現実の影であります、
しかして我らは、今世において永遠の来世の射影図を見るのであります、
あたかも大洋の深淵の面に波と泡とが立つごとき者であります、
しかして薄き幕一枚が今世を来世より劃つのであります、
幕の彼方に永遠の真実の来世が在るのであります、
此方に暫時の仮りの今世が在るのであります、
しかして神はキリストを幕の彼方より此方に遣はし給ひて、
我らをして希望をことごとく彼方に移して、

此方（こなた）に留めざるやう我らに教へ給ふたのであります。
しかして信仰の進歩と共に、今世はますます軽くなりて、
来世はますます重くなるのであります……
いわゆる現世的宗教は宗教ではありません、
来世を明かにするが故に、宗教はこと人生に必要なるのであります」
（「福音と来世」一九一五年）

「永遠の真実の来世」に比べるなら、「暫時の仮りの今世」は「夢世（ゆめのよ）」、「片時の夢」でしかなく「実（まこと）に詰（つま）らない価値（ねうち）のない世界」でしかない。これは厭世主義ではなく「永遠（とこしえ）より永遠まで在（いま）す」神に比べるなら「人は皆な草」であり「塵」であり「幻」（内村、一九一三年）でしかないという認識の表現であり、永遠的視点から見た現世の相対化である。
現世ではなく来世に望みを置くなら、その希望は失望に終わることはない。[2]

天の希望

私たちの国籍は天にあるので、この地上では異邦人である。異郷においてはさまざまな困難や試練を体験するが、天を見上げて永遠の故郷を見つめるとき、そこにすべての希望があるこ

とに気づく。そしてめざす地に焦点を合わせるなら、地上のつかの間の生、そこで起きる出来事を小さなこととして乗り越えていくことができる。

もしこの地上の何かを得ること、この地上で何者かになることをめざしているなら、そのような希望は失望に変わる。この地上の営みは、それ自体では空しく、つかの間の影のようなものだからである。すべては空しく「空の空」であり（伝道者１・２）、「風を追う」ようなものである（同１・14、17）。

私たちが希望をこのつかの間の世ではなく、天の永遠の国に置くなら、その希望は失望に終わることはない。黙示録はその真理を幻によって示す。

それゆえ黙示録は希望の書である。

第3章　新しい旅

第1節　天災による覚醒

天からの災い

黙示録を読んで強い印象を受けるのは、天から地に下される災いである。黙示録6章で六つの封印が開かれ、災いの全体が示される。

さらにその詳細がラッパの幻（黙8、9章）、鉢の幻（黙16章）に描かれている。これらの幻によれば、終末の時代に地上に「剣、ききん、死病、腫れ物」がもたらされ、「雹」が降り、海や川が「血」に変わり、「いなご」が人を刺し、「太陽」が火で焼き、天は暗くなり、人間の三分の一が死ぬ。

それゆえ黙示録は恐怖の書、破滅の書、世界崩壊の書であると思われている。しかしそうではない。ではこれらの災いは何を意味しているのだろうか。

封印の開封

小羊キリストが巻き物の封印を開くと、四人の騎士が現れる。最初の白い馬の騎士は、災いではなく全世界への福音宣教を示している。

第一の封印の開封によって「白い馬」の騎士が登場する。

「それに座す者は弓を持っていた。冠が彼に与えられた。彼は勝利の上に勝利を得ようと出て行った」（黙６・２）

第二の封印の開封によって火のように「赤い馬」の騎士が登場する。

「これに座す者に、地から平和を奪い取る力が彼に与えられた。人々が互いに屠り合うためである。また彼に大きな剣が与えられた」（黙６・４）

第三の封印の開封によって「黒い馬」の騎士が登場する。

「これに座す者は秤を手に持っていた。

……小麦一枡は一デナリ（一日の賃金）。大麦は三枡で一デナリ」（黙６・５、６）

第四の封印の開封によって「青ざめた馬」の騎士が登場する。

「これに座す者の名は死と言い、ハデスが彼に従った。

彼らに地の四分の一を剣と飢饉と死病によって、地の獣で殺す権威が与えられた」

（黙６・８）

第五の封印の開封によって殉教者たちの魂が祭壇の下に現れる。彼らは

「神の言葉のため、また証しのために死んだ。彼らに白い衣が与えられた」（黙６・９

～11）

第六の封印の開封によって天地に根源的な変化が起こり、最後の審判が始まる。

「天は巻き物が巻き取られるように消え去り、

すべての山と島はその場所から移された」（黙６・14）

「彼ら（御座に座す方と小羊）の怒りの大いなる日が来た」（黙６・17）

イエスの終末預言

これらの幻の意味を明らかにするのはイエスの終末預言である。それは「小黙示録」と呼ばれている。イエスの終末預言と黙示録の幻は一致している。福音書のイエスの終末預言を、黙示録は幻として描いている。

イエスはマタイ24章（マルコ13章、ルカ21章）において世の終わりについて語り、終末のしるしとして以下のことを預言した。

①苦難

にせキリスト　（マタイ24・５、24）

戦争　（マタイ24・６）

ききん　（マタイ24・７）

地震　（マタイ24・7）
迫害　（マタイ24・9）
殉教　（マタイ24・9）
背教　（マタイ24・10）
にせ預言者　（マタイ24・11、24）
不法　（マタイ24・12）
疫病　（ルカ21・11）

②世界宣教　（マタイ24・14）

③大きな苦難　（マタイ24・21、22）
④根源的変化　（マタイ24・29）
⑤キリストの再臨　（マタイ24・30、31）

イエスの終末預言と黙示録

黙示録の封印、ラッパ、鉢の災いと、イエスの預言した終末の災いには多くの共通点がある。

黙示録6章とマタイ24章

黙示録6章		マタイ24章	
第一の封印・白い馬	弓・冠・勝利	14節	福音の世界宣教
第二の封印・赤い馬	大きな剣	6、7節	戦争
第三の封印・黒い馬	秤、小麦・大麦・ききん	7節	ききん、地震
第四の封印・青ざめた馬	死・剣・ききん 死病・獣、四分の一を殺す	6、7節	剣、ききん、死病
第五の封印	殉教者	9、10節	迫害・殉教
第六の封印	天と地の変化	29節	天の変化
	最終的審判・御怒りの日	30節	キリストの来臨

時のしるし

これらは終末のしるしであり、歴史の終わり、完成が近いことを知らせる神からの警告である。歴史がその終極に達する前に、目を覚ましてその日を待ち望むようにと、警告が天から与えられる。これらは「時のしるし」と呼ばれている。イエスは言われた。

「夕方になると、あなたがたは『夕焼けだから晴れる』と言い、朝には『朝焼けでどんよりしているから、今日は荒れ模様だ』と言います。空模様を見分けることを知っていながら、時のしるしを見分けることはできないのですか」（マタイ16・2、3）

私たちはこれらのしるしによって目を覚まし、世の終わりに備えることができる。イエスは「目を覚ませ」と三度警告した（マルコ13・33、35、37）。

「気をつけて、目を覚ましていなさい。その時がいつなのか、あなたがたは知らないからです」（マルコ13・33）

現代は終末の時代

これらのしるしは一世紀、イエスの時代にすでに起こっていた。イエスは、「時が満ち」（マルコ1・15）「終わりの時」（ヘブル1・2）に地上に来た。それゆえ一世紀はすでに終わりの時代だった。

さらにそれらは人類の歴史において現代まで、各時代、各地において現れた。そしてその究極として世の終わり、キリストの再臨直前に「世の始まりから今に至るまでなかったような、また今後も決してないような、大きな苦難」（マタイ24・21）の時代が来る。この時代を「患難期」と呼ぶ（第10章で詳述する）。

これらのしるしは二十一世紀の現代、特に二〇二〇年代に顕著に現れている。

①にせキリスト　私たちは二〇二二年の銃撃事件によって、統一協会がいかに日本の保守政権の中枢部、さらにアメリカの共和党にも深く食い込んでいるのかを知った。

②ききん　気候危機によって二〇二三年、地球は沸騰化し、観測史上最高気温となった。その影響により、森林火災、干ばつが世界各地で頻発し、農地を捨て気候難民となる人々がアフリカを中心に二千四百万人に及んでいる。世界の難民人口は一億一千万人を超えている。

③地震　日本では一九九五年に阪神淡路大震災、二〇一一年に東日本大震災、二〇一六年に熊本大地震、二〇二四年に能登半島地震が起こった。

④疫病　二〇二〇年から三年間、コロナ禍が全世界に広がった。

⑤迫害・殉教　独裁政権による弾圧、殉教は世界各地で起こっている。

⑥戦争　二〇二二年のウクライナ・ロシア戦争、二〇二三年のイスラエル・ハマス紛争は世界化しつつある。

それゆえイエスの預言によれば、現代は終末の時代である。

天地の変化

第六の封印の開封は、最後の審判の描写である。最後の審判の前に天と地に根源的な変化が起こる。この変化についてはイエスも預言している。

マタイ24章	黙示録6章
そうした苦難の日々の後、 ただちに太陽は暗くなり、 月は光を放たなくなり、 星は天から落ち、 天のもろもろの力は揺り動かされます。 （マタイ24・29）	大地震が起こった。 太陽は毛の荒布のように黒くなり、 月は全体が血のようになった。 天の星が地に落ちた。それはいちじくが大風に揺さぶられて青い実を振り落とすようだった。 天は巻き物が巻き取られるように消え去り、 すべての山と島はその場所から移された。 （黙６・12〜14）

最終的審判

第六の封印の開封と共に全宇宙が一新され、最終的審判が始まる。すべての悪不正は消え去り、神の正義が明らかにされる。

しかし最後の審判は突然起こるのではなく、その前触れとしてさまざまな災いが起こる。第一の封印から第五の封印の開封である。第六の封印の「最終的審判」(黙20章) に先だって、第一から第五の封印の災いが下される。

これらは「警告的審判」と呼ばれ、覚醒と悔い改めを促している。

第2節　出エジプトと黙示録

覚醒、開眼

神は愛ゆえに、数々の警告によって私たちに覚醒を促す。危機が迫っているのに子が眠っているなら、父は子を揺さぶって起こす。自然災害や疫病などの苦難によって、私たちは目を覚まし、この世がつかの間であることを悟り、この世界を超えたもの、永遠への眼が開かれる。

疫病は細菌やウィルスによって起こる自然厄災の一つだが、同時に終末の近いことを告げる神からの警告でもある。内村鑑三は一九一八年のスペインかぜのパンデミックについて書いた。

「神は決してなんら警告を加えることなく、人の罪深きに至って不意にこれを陥れるがごとき無慈悲を行いたまわない。いくたびか戒告に戒告を重ね、忍耐に忍耐を加えて、悔悛を促したまう」（一九一九年）

黙示録の災い（6、8、9、16章）は、世界の破滅を預言しているのではない。それらは終末のしるしであり、私たちを覚醒させ目を開かせ、永遠の世界を示す。

旅立ち

これらの災いは単なる天罰ではない。関東大震災が百年前の一九二三年に起こったとき、その意味をめぐって論争になったが、地上の災いは単なる天罰ではなく、警告である。罰を受けて終わるのではなく、それによって目を覚まし、新しい旅が始まる。黙示録は私たちがこれらの警告によって目を覚まし、欲望の都を出て新しい永遠の都を目指して旅立つように促している。

これらの災いは、旧約の出エジプトの災いを原型としている。黙示録の封印、ラッパ、鉢の災いと、出エジプトの十の災いには多くの共通点がある。

出エジプトの十の災い

黙示録の災いの原型は出エジプト記にある。イスラエルの民はエジプトで四百年間奴隷だったが、彼らを解放するためにモーセが遣わされた。エジプトの王は彼らの出国を許さなかったので、十の災いが天から下され、イスラエルはエジプトを脱出した。

同様に、私たちが地上の都を出るために黙示録の災い（封印、ラッパ、鉢）が下される。そして私たちは天の都を目指して新しい旅に出る。

出エジプトの十の災いと黙示録の災いとは対応している。

出エジプト記の災いと黙示録の災い

出エジプト7～12章		黙6章	黙8、9章	黙16章
災い	エジプト	封印	ラッパ	鉢
第一	水が血に		第二	第二、三
第二	蛙			
第三	ちりがブヨに			
第四	アブ			

災いの範囲	エジプト		全世界		
	第五	疫病（家畜）			
	第六	腫れもの			第一、五
	第七	雷、雹、火		第一、七	第四、七
	第八	いなご		第五	
	第九	闇		第四、五	第五
	第十	長子（初子）の死	第四	第六	

苦難による旅立ち

黙示録では地上の都、大バビロン（ローマ）を離れ、天のエルサレムをめざす旅に出よと命じられている。

「彼女（大バビロン）の中から出よ。わたしの民よ。
その罪に与らないため。その災いを受けないために」（黙18・4）

私たちが地上の欲望の都で偽りの安心、豊かさの中に眠り込まないようにと、天から警告が与えられる。私たちは天災などの苦難によって目を覚まし、永遠の真理に目を啓かされ、住み慣れた地を離れ、約束の地をめざす旅に出る。

地震による旅立ち

「地震」も終末の前兆の一つである。一九九五年、阪神淡路大震災が起こったとき、筆者は神戸の教会の牧師だった。一瞬にして崩れ、瓦礫となった街を歩きながら、地上のすべてのものは「揺り動かされ」崩れ去ることを悟った。そして「揺り動かされない御国」を求め、さらなる黙示録研究のため一九九六年に渡英した。

やがて「揺り動かされないものが残るために、揺り動かされるもの、すなわち造られたものが取り除かれる」。私たちは「揺り動かされない御国」を受ける（ヘブル12・27、28）。

イスラエルは、エジプトに下された災いから小羊の血によって守られ、奴隷の地を出て、モーセに導かれて約束の地カナンをめざした。

同じく私たちは封印、ラッパ、鉢の災いから守られ、欲望の都「大バビロン」を出て、「小羊」キリストに導かれて「天のエルサレム」をめざす旅に出る。

モーセの歌・小羊の歌

強大な軍事力を誇るエジプトの軍勢が、脱出した民を連れ戻すために迫ってきたが、神によって彼らは打ち破られ、海に呑まれた。そのとき勝利の歌が海辺で歌われた。

「主よ、神々のうちに、
だれかあなたのような方がいるでしょうか。
だれかあなたのように、聖であって輝き、
たたえられつつ恐れられ、
奇しいわざを行う方がいるでしょうか」（出エジプト15・11）

黙示録15章では、「獣」に勝利した人々が、天で「ガラスの海」のほとりに立ち、勝利の歌を歌う。その歌は「モーセの歌と小羊の歌」（黙15・3）と呼ばれている。

「誰があなたを恐れないでしょうか。
主よ、御名をほめたたえないでしょうか。
あなただけが聖なる方です。
すべての国民は来て、あなたの前に礼拝します。

あなたの正しい裁きが明らかにされたからです」（黙15・4）

二つの勝利の歌は対応している。

第3節　苦難から栄光へ

完成へ向かって

世の終わりにはさまざまな苦難があり、そのための警告が告げられている。しかし黙示録にはそれをはるかに超える希望が描かれている。黙示録は世界の破滅を示して人々を恐怖に陥れるために書かれたのではない。黙示録によれば、苦難を超えて輝かしいキリストの再臨があり、新天新地が実現する。

6章の封印、8、9章のラッパ、16章の鉢の災いはすべて、歴史の完成へと向かうプロセスの一つである。その完成とは、19章のキリストの再臨、21、22章の新しいエルサレムの栄光である。

災いや苦難は世界の破滅を予告しているのではない。それはこの世界が揺り動かされた後、やがて不動の新しい世界が現れ、新たな時代が到来することの前触れである。

産みの苦しみ

終末の苦難は「産みの苦しみ」である。イエスは語った。

「民族は民族に、国は国に敵対して立ち上がり、あちこちで飢饉と地震が起こります。しかし、これらはすべて産みの苦しみの始まりなのです」（マタイ24・7、8）

イエスは終末のしるしとしてのさまざまな苦難を挙げる。にせキリスト、にせ預言者、戦争、ききん、疫病、地震などである。しかしこれらの苦難は、破滅の前兆ではない。新しい世界が出現するための「産みの苦しみ」である。

産みの苦しみとは出産前の陣痛のことである。それは大きな痛みだが出産までの短い時であり、悲しみではなく喜びで終わる。出産によって新しい生命が生まれ、それゆえに陣痛の苦しみは消え去る。終末の「産みの苦しみ」によって、新しい天と地が生まれる。それは古い世界から新しい世界へ移行するための苦しみである。

びにたとえた。

十字架と復活

イエスは最後の晩餐において、自らの十字架の死を産みの苦しみに、復活の勝利を出産の喜びにたとえた。

「あなたがたは悲しみます。しかし、あなたがたの悲しみは喜びに変わります。女は子を産むとき、苦しみます。自分の時が来たからです。しかし、子を産んでしまうと、一人の人が世に生まれた喜びのために、その激しい痛みをもう覚えていません。あなたがたも今は悲しんでいます。しかし、わたしは再びあなたがたに会います。そして、あなたがたの心は喜びに満たされます。その喜びをあなたがたから奪い去る者はありません」（ヨハネ16・20〜22）

その預言は成就した。弟子たちはイエスの十字架の死を嘆き悲しんだが、復活したキリストに会い、喜びに満たされた。十字架の苦しみが復活の喜びに変えられたように、終末の苦難は新天新地の栄光に変えられる。出産に陣痛が不可欠なように、新天新地の誕生には終末的苦難は不可欠である。

パウロのうめき

パウロもまた終末的な苦難を「産みの苦しみ」と呼んでいる。人間のみならず造られたすべてのもの、全被造物が死と「滅びの束縛」にうめいている。

「被造物自体も、滅びの束縛から解放され、神の子どもたちの栄光の自由にあずかります。私たちは知っています。被造物のすべては、今に至るまで、ともにうめき、ともに産みの苦しみをしています。それだけでなく、御霊の初穂をいただいている私たち自身も、子にしていただくこと、すなわち、私たちのからだが贖われることを待ち望みながら、心の中でうめいています」（ローマ８・21～23）

新天新地においては、人間のみならず全被造物が新しくされ、万物が神と小羊を賛美する。

歴史のゴール

最終的なゴールを知れば、そこに至る苦難は小さなことである。パウロは書いた。

「今の時の苦難は、やがて私たちに啓示される栄光に比べれば、取るに足りないと私は考えます」（ローマ8・18）

地上の「軽い苦難」は、「重い永遠の栄光」（Ⅱコリント4・17）へと変えられる。

「私たちの一時の軽い苦難は、それとは比べものにならないほど重い永遠の栄光を、私たちにもたらすのです」（Ⅱコリント4・17）

パウロが苦難を乗り越えることができたのは、「産みの苦しみ」を超えた永遠の輝かしい世界を見つめていたからである。地上の苦難を超えた永遠の栄光、究極の世界に眼が啓かれたなら、さまざまな試練をつかの間のこととして乗り越えていくことができる。

都上りの歌

私たちは欲望の都を出て、永遠の都、天のエルサレムをめざす旅に出る。神はイスラエルの四十年の荒野の旅を守られたように、私たちの旅路のすべてを守られる。

「事実、あなたの神、**主**はあなたのしたすべてのことを祝福し、この広大な荒野でのあなたの旅を見守っていたのだ。この四十年の間、あなたの神、**主**はあなたとともにいて、あなたには何一つ欠けたものがなかった」（申命２・７）

イスラエルの民は年に三度、少なくとも一度、エルサレムの神殿に集い、神を礼拝した。北部からは百キロの旅である。人々は「都上りの歌」を歌いながら、聖なる都、シオンの丘、地上のエルサレムをめざした。私たちもまた歌いつつ、約束の地、天のエルサレムへの旅を続ける。

「さあ　**主**をほめたたえよ。
主のすべてのしもべたち
夜ごとに**主**の家で仕える者たちよ。
聖所に向かってあなたがたの手を上げ
主をほめたたえよ。
天地を造られた**主**が
シオンからあなたを祝福されるように」（詩篇134・１〜３）

黙示録は幻によって、この旅路を全うするよう私たちを励ましている。それゆえ黙示録は希望の書である。

第4章　預言の成就

第1節　預言の書・黙示録

預言の成就

なぜ黙示録は希望の書なのか。預言の成就という点からその理由を明らかにしよう。黙示録は預言の書である。

「幸いである。この預言の言葉を朗読する者、
またそれを聞いて、そこに書かれていることを守る者たちは」（黙1・3）

旧約には四大預言書と十二小預言書、計十六の預言書があるが、新約では黙示録が唯一の預言書である。世には預言と呼ばれる多くの書があるが、それらと聖書の預言とは全く異なっている。なぜか。聖書の預言はその言葉のとおりに成就しているからである。

旧約聖書はキリストの生涯を預言し、それらはすべて成就した。キリストの生涯（聖誕、苦難、復活、昇天）、特に十字架の苦しみは、その千年前のダビデ（詩篇22篇）、七百年前のイザヤ（イザヤ53章）によって正確に告げられており、それは一世紀に完全に成就した。これは驚くべきことである。このような生誕以前の詳細な預言とその成就は、ブッダにもマホメットにも、他のどのような宗教にもない。

預言の成就・パスカル

聖書が他の文学作品と本質的に異なるのは、その預言が歴史において成就している点である。それはキリスト教の独自性でもある。フランスの哲学者パスカル（一六二三～六二年）は書いた。

「イエス・キリストの（メシアである）最大の証拠は、預言である。神もまた預言のために最大の準備をされた。なぜなら、その成就として起こった出来事は、教会の発生から終局にいたるまで継続する一大奇跡だからである」（『パンセ』706）

パスカル・十字架の預言

パスカルは、特にイエスの苦難の預言について詳しく論じている（『パンセ』727）。

彼は世の罪のために犠牲となる、　イザヤ書39、53章
彼は貴重な礎石となる、　イザヤ書28章28節
彼はつまずきと妨げとの石となる、　イザヤ書8章
エルサレムはこの石につきあたる
建築師はこの石を捨て去る、　詩篇118篇22節
神はこの石を隅のかしら石とされる、
また石は大きな山となり、大地に満ちる、　ダニエル書2章
彼は捨てられ、否まれ、裏切られ、　詩篇109篇8節
売られ、　ゼカリヤ書11章21節
唾せられ、打たれ、あざげられ、
あらゆる仕方で苦しめられ、苦みを飲まされ、　詩篇69篇
刺され、　ゼカリヤ書12章

両手両足を貫かれ、殺され、　詩篇22篇
その衣服はくじ引きされる、　詩篇16篇
彼はよみがえる、　ホセア書6章3節
三日目に、
神の右に座するため天にのぼる、　詩篇110篇

黙示録と旧約

イエスの生涯は旧約で預言されていた。それゆえ旧約預言を学ぶことによって、新約聖書の意味が明らかになる。黙示録も同様であり、ヨハネの見た幻の原型は旧約預言にある。イザヤ書、エレミヤ書、エゼキエル書、ダニエル書、どれも黙示録と深く結ばれているが、まずエレミヤ書に注目しよう。

第2節　エレミヤ書と黙示録

エレミヤとにせ預言者

紀元前六世紀、イスラエルは背信の罪によって滅亡の危機に瀕していた。預言者エレミヤは、迫り来る神の裁きをエルサレムの民に警告し、悔い改めを迫った。滅亡は迫っていたが、にせ預言者たち（ハナンヤ〔エレミヤ28章〕）が現れ、イスラエルの勝利、民の安全を約束した。にせ預言者は、危機の時代に平安だと叫ぶ。

「彼ら（にせ預言者）はわたしの民の傷をいいかげんに癒やし、
平安がないのに、『平安だ、平安だ』と言っている」（エレミヤ6・14〔括弧内著者〕）

しかし真の預言者は、平安に見える時代に危機の到来を警告する。神は言われた。


「夢を見た預言者は夢を語るがよい。

しかし、わたしのことばを受けた者は、わたしのことばを忠実に語らなければならない。

麦は藁と何の関わりがあるだろうか。――主のことば――

わたしのことばは火のようではないか――主のことば――。

岩を砕く金槌のようではないか」（エレミヤ23・28、29）

エレミヤの預言は成就し、紀元前六世紀にエルサレムはバビロニア帝国によって陥落し、国家は滅亡した。

黙示録とエレミヤ書の対応

エレミヤ書と黙示録とは、神の裁きの描写において対応している。

エレミヤ書では、紀元前六世紀のバビロニア帝国への「さばきが、天に達し、大空まで上った」（エレミヤ51・9）。それゆえ「バビロンの中から逃げ」よ（同51・6）、淫婦の汚れに毒されてはならないと命じられる（同50・8、51・45）。

黙示録では、終末の「大バビロン」の罪は「積み重なって天にまで届」いた（黙18・5）。それゆえ「彼女の中から出よ。わたしの民よ。その罪に与らないため。その災いを受けないために」（黙18・4）と命じられる。

エレミヤ書のバビロンも黙示録の「大バビロン」も、国々を「金の杯」（エレミヤ51・7、黙17・2、4）で酔わせた。それゆえ両者は共に「倒れ」「海に投げ込まれ」「沈む」（エレミヤ51・63、64、黙18・21）。また共に「火」によって「焼き尽く」される（エレミヤ21・14、50・32、黙17・16、黙18・8）。

さらに両者は共に廃墟となり「花嫁、花婿」の声、「ひき臼」の音は聞かれず、ともしびの光も消え去る（エレミヤ25・10、黙18・21、23）。

将来と希望

エレミヤは偽りの平安を約束する「にせ預言者」とは異なり（エレミヤ６・14、８・11）、エルサレムの崩壊、神の審判を預言した。王や高官たち、民衆は憤って彼を殺そうとしたが、エレミヤは恐れることなく、来るべき「大いなる苦難の日」について語り続けた。悲しみの預言者エレミヤの姿こそは、終末の時代に証言を続け、真の希望について語る真理の証人の原型である。

エレミヤは偽りの安全、安心に眠り込む民への警告を語るが、それは民を破滅させるためではなく、救うためである。にせの希望や安全ではなく、真の希望、永遠の平和を与えるためである。

「わたし自身、あなたがたのために立てている計画をよく知っている
――主のことば――。
それはわざわいではなく平安を与える計画であり、

あなたがたに将来と希望を与えるためのものだ」（エレミヤ29・11）

同様に黙示録には数々の厳しい裁きが記されているが、それは人類を滅亡させるためではなく、真の希望と平安を与えるためである。

第3節　エゼキエル書と黙示録

苦難の中で

エルサレムが滅亡した後、エゼキエルが捕囚の地バビロンで、預言者として召された。エレミヤはエルサレムに残り預言を続けたが、エゼキエルは遠い東の地、バビロンに捕囚となりそこで預言した。エゼキエル書と黙示録では重要な幻が共通しており、しかもほぼ同じ順序で現れる。

エゼキエル書		黙示録	
1章	王座、虹	4章	御座、虹

5章	巻き物	2、3章	巻き物（食べる）
6章	四つの災い	5章	ききん、獣、疫病、剣（17）
6章	御怒りの大いなる日	7章	主の激しい怒りの日（19）
7章	額への押印	9章	額にしるし
8章	炉を火と共に地に投げる	10章	炭火をまき散らす
17章	大淫婦	23章	淫行の姉と妹
18章	大バビロンの滅亡	26、27章	ツロの滅亡、水夫の嘆き、貿易
19章	神の大宴会（鳥）	39章	食べよ（鳥、獣）
20章	ゴグ・マゴグ	38、39章	ゴグ
21章	新しいエルサレム	40～48章	神殿の再建
22章	生命の水の川、果樹、実	47章	生命の川、果樹、実

七十年の捕囚

国家の滅亡という苦難の中で民は絶望していた。そんなとき、エゼキエルは民を帰還と神殿再建の幻によって励ました。その預言は成就し、バビロニア帝国を倒したペルシアの王キュロスによってイスラエルの民は解放され、帰国し廃墟となった都を再建した。

注目すべきことに、捕囚の期間が預言されている。エレミヤはそれを七十年と告げた。

「バビロンに七十年が満ちるころ、わたしはあなたがたを顧み……あなたがたをこの場所に帰らせる」(エレミヤ29・10)

ダニエルはエレミヤの預言によって、その捕囚の期間を知った。

「私ダニエルは、預言者エレミヤにあった**主**のことばによって、エルサレムの荒廃の期間が満ちるまでの年数が七十年であることを、文書によって悟った」(ダニエル9・2)

そして実際に、前五八六年に滅亡したイスラエルは、七十年後にゼルバベルの指揮によって神殿を再建した。

四百年の奴隷、四十年の荒野の旅

旧約預言は事件を漠然と予告するのではなく、その出来事の期間まで正確に預言する。前章で見たようにイスラエルはエジプトで奴隷となったが、その期間は「四百年」と預言されていた。

「あなた（アブラハム）の子孫は、自分たちのものでない地で寄留者となり、四百年の間、奴隷となって苦しめられる」（創世15・13〔括弧内著者〕）

またエジプト脱出後の荒野の旅は四十年と定められた（民数14・34）。その預言のとおり、四十年後にイスラエルはその旅を終え約束の地に入った。

預言の成就

神の預言は歴史の中で成就する。神は言われる。

「わたしの口から出るわたしのことばも、
わたしのところに、空しく帰って来ることはない。
それは、わたしが望むことを成し遂げ、
わたしが言い送ったことを成功させる」（イザヤ55・11）

黙示録は単なるシンボルの集積、比喩的表現の羅列ではなく、歴史の中で未来に必ず起こることを象徴的な表現、黙示文学的な幻で描いている。表現は比喩的だが、その預言はやがて歴史の現実となる。

三重の成就

聖書の預言は三つのレベルで成就する。①同時代、②全時代、③終末の時代である。エゼキエル書の例を見てみよう。前節で見た神殿再建の幻は、七十年の捕囚の後、エルサレムに帰還した民によって実現した。しかしこの幻の成就は同時代に限定されるものではない。

①神殿の水・再建

たとえばエゼキエルは、神殿から流れる生命の水の川の幻を見た。

「彼は私を神殿の入り口に連れ戻した。見ると、水が神殿の敷居の下から東の方へと流れ出ていた。神殿が東に向いていたからである。その水は祭壇の南、神殿の右側の下から流れていた。

……彼がさらに千キュビトを測ると、水かさが増して渡ることのできない川となった。川は泳げるほどになり、渡ることのできない川となった。……この川が流れて行くどこででも、そこに群がるあらゆる生物は生き、非常に多くの魚がいるようになる。この水が入ると、そこの水が良くなるからである。この川が入るところでは、すべてのものが生きる。……川のほとりには、こちら側にもあちら側にも、あらゆる果樹が生長し、その葉も枯れず、実も絶えることがなく、毎月、新しい実をつける。その水が聖所から流れ出ているからである。その実は食物となり、その葉は薬となる」（エゼキエル47・1～12）

この生命の水の川は、①廃墟となったエルサレムの神殿がやがて再建されるという約束である。

②聖霊

また生命の水の川は、死すべきものが神の生命の水によって生きることを示している。②特にこの生命の水は、イエスを信じる者に与えられる聖霊である。イエスは言われた。

「『だれでも渇いているなら、わたしのもとに来て飲みなさい。わたしを信じる者は、聖書が言っているとおり、その人の心の奥底から、生ける水の川が流れ出るようになり

ます。』イエスは、ご自分を信じる者が受けることになる御霊について、こう言われたのである」（ヨハネ７・37〜39）

③新しいエルサレムの川

さらに生命の水の川は、③歴史の究極としての新天新地、新しいエルサレムの大通りの中央を流れている。

「御使いはまた私に生命の水の川を見せた。それは水晶のように輝き、神と小羊との御座から出て、都の大通りの中央を流れていた。川の左と右には生命の木があって十二の実がなり、毎月、実を結んだ。その木の葉は諸国の民をいやした」（黙22・１、２）

このように、エゼキエルの神殿の水は、①同時代・エルサレム神殿の再建、②全時代・神の生命の水の注ぎ、③終末の時代・新しいエルサレムの生命の水の川という三つのレベルで成就する。

同様に、黙示録の預言も、①一世紀の教会の戦い、②全時代の霊的戦い、③終末の時代の世界的な戦いについて語っている。

第４節　七つの手紙と幻

七つの手紙

黙示録の場合、①同時代の戦いは、２、３章の七つの教会への手紙に記されている。当時、教会はさまざまな問題に直面していた。それぞれの教会に対して、どのように問題を克服するべきかを、黙示録は示している。

しかし教会の直面していた問題は、一世紀に限定されない。その問題は後の全時代に共通している。それゆえ七つの手紙で具体的な警告、励ましが与えられるが、さらに４～22章の幻によって、現実の問題の背後にある霊的な戦いが壮大なスケールで描かれる。２、３章の地上の現実が６～18章の宇宙的な戦いへと展開し、19～22章で最終的な勝利が描かれる。

七つの手紙（２、３章）と戦いの幻（10～18章）、さらにその勝利と約束の成就（19～22章）とは緊密に結ばれている。

手紙と幻

七つの手紙（2、3章）はほぼ同じ形式で書かれており、①宛先、②差出人（キリスト）、③賞賛、④叱責、⑤警告、⑥差出人（聖霊）、⑦約束から成る。これらの手紙（2、3章）と他の部分（1、4〜22章）は緊密に結ばれている。

②差出人は1章の栄光のキリストである。

また③賞賛、④叱責、⑤警告など教会が直面している問題は、4〜18章の幻と対応している。たとえばスミルナ教会の忠実さは11章の「二人の証人」と、試練の中で保護されるフィラデルフィヤ教会は12章の荒野で守られる「女」と、またペルガモ教会の「サタンの王座」は13章の「獣」と、テアテラ教会の女預言者の誘惑は17章の「大淫婦」と深く関係している。

さらに⑦約束は21、22章の「新しいエルサレム」の幻で成就する。

手紙（2、3章）	教会への警告・励まし	関連する幻　11〜18章		約束　20〜22章	
エペソ	にせ使徒	にせ預言者	13章	生命の木の実	22・2
スミルナ	死に至るまで忠実	二人の証人	11章	第二の死	21・8
ペルガモ	サタンの王座	獣	13章	新しい名	21・5

テアテラ	イゼベルという女	大淫婦	17章	支配する権威	22・5
サルデス	白い衣	ハルマゲドン	16章	生命の書	21・27
フィラデルフィヤ	試練の時の守り	荒野の女	12章	神殿の柱	21・22
ラオデキヤ	富と豊かさ	大バビロン	18章	（天の）座	20・4

私たちはこの地上で困難な現実に直面して苦しむが、その苦難を主は知っている。そして私たちを守り、約束の地へと導き入れる。黙示録は現代世界の直面する問題に光を当て、それを克服して勝利する道を幻によって示している。

それゆえ黙示録は希望の書である。

第2部　希望の戦い

第5章　神と竜

第1節　二つの王国

第1部（第1〜4章）では、なぜ黙示録が私たちに希望を与えるのかを見た。第1章では、黙示録は苦難という暗黒のただ中にあって希望を与える書であり、その希望は天の視点と完成の視点という、空間的、時間的に新しい二つの視点によって与えられる（黙4、5章）。第2章では、私たちは死後ただちに天の国へ行き、そこで天の大群衆の一員とされ（黙7章）、神と小羊を賛美する。つかの間の現世を超えた永遠の来世の希望を見た。

第3章では、黙示録の災い（黙6章）は、終末のしるし、警告、新しい旅立ちへの促しであり、地上の苦難は新たな時代のための「産みの苦しみ」である。

第4章では、黙示録は預言書であり、聖書の預言は歴史内において必ず成就するという希望について見た。

黙示録を解釈するためには旧約の出エジプト記、新約のイエスの預言が重要であり（第3章）、さらに旧約の預言書、特にエレミヤ書、エゼキエル書が鍵となる（第4章）。そして預言は同時代、全時代、終末の時代という三つのレベルで成就する。これは黙示録解釈の原則であり、幻の現代的意味を考察するのに不可欠である。

第2部（第5〜8章）では、希望の戦いについて考察する。私たちはすべての戦いに最終的に勝利して天の栄光の国へ入るが、地上では闇の力のゆえにさまざまな戦いがある。黙示録はその戦いを四つの対比によって描き出す。「神」と「竜」（第5章）、「小羊」と「獣」（第6章）、「二人の証人」と「にせ預言者」（第7章）、「大バビロン」と「新しいエルサレム」（第8章）である。

黙示録は地上の戦いを四つの視点から描いている。①本質的、根源的、②政治的、軍事的、③情報、証言、④経済的、物質的という視点である。旧約から新約、そして現代までこの四つの点に関して戦いが続いているが、それらのすべてにおいて最終的に光は闇に勝利する。そして天の正義、真理、栄光が明らかにされる。それゆえこれは希望の戦いである。黙示録の希望がどのように具体的に示されているのか、まず四つの対比を見てみよう。

二つの王国

天の四つの幻、①神、②小羊、③二人の証人、④新しいエルサレムは、地の四つの幻、①竜、②獣、③にせ預言者、④大バビロンと対比されている。

天の幻の中心は小羊であり、地の幻の中心は獣なので、それぞれを小羊の王国、獣の国と呼ぶ。二つの王国は対照的である。

小羊の王国（天の幻）			獣の国（地の幻）		
①神	（御父・４章）	万物の創造	①竜	（悪魔）（12章）	根源的支配
②小羊	（御子・５章）	平和の福音	②獣	（13章）	軍事力
③二人の証人	（御霊・11章）	真理の証言	③にせ預言者	（13章）	情報力
④新しいエルサレム	（御国・21章）	永遠の希望	④大バビロン	（17章）	経済力

③二人の証人は地に現れるが、最後に天へ上げられる。

赤と白の対比

天の幻と地の幻は交互に現れ、色彩において鋭く対比されている。

天の幻の「白」と地の幻の「赤」とが対照的である。

①神は大きな「白い」御座に座し（黙20・11）、②キリストは「白い」馬に乗って来臨し（19・11）、その後に続く神の軍勢も「白い麻布」を着て「白い」馬に乗っている（19・14）。④「新しいエルサレム」は「光り輝く聖い麻布」の衣を着ており（19・8）、天の大群衆は「白い」衣を与えられる（7・9）。

それに対し①「大きな竜」（サタン）は赤色であり（12・3）、その手下である②「獣」も緋色である（17・3）。④「大バビロン」は「大淫婦」、売春婦であり（17・1）、「淫行の汚れ」に満ち（17・4）、「紫と緋の衣」（17・4）を着ている。

黙示録の対比表現

この対比は何を意味しているのだろうか。筆者はイギリスのセント・アンドリュース大学で黙示録の博士論文に取り組み、黙示録にある対比関係を原語レベルで分析し、黙示録の構造を明らかにし、その神学的意味を考察した（"Irony in Revelation: The Paradox of the Lamb's Kingdom and the Parody of the Beast's Kingdom"）。

論文において、闇の力が光の国を模倣し（パロディ）、神の国は闇の中の光として逆説的に表される（パラドックス）ことを示した。闇の力の本質を見抜き、戦いに勝利するためには、第

1章で見た天の視点と完成の視点、二つの新しい視座が必要である。

第2節　竜の攻撃

竜・悪魔

まず神と竜の対比を見てみよう。すでに黙示録4、5章の天の礼拝、神と小羊の礼拝を見たが、この礼拝と鋭く対比されているのは、地における竜と獣の礼拝（黙12、13章）である。

黙示録12章では、サタンが「大きな赤い竜」として登場し、「七つの頭と十本の角とを持ち、その頭には七つの王冠」をかぶっている（黙12・3）。サタンは「悪魔」「古い蛇」「告発者」「訴えている者」など12章で十五回その名が記されており、その活動が集中的に描かれている。

創造者と被造物

神が「小羊の王国」の統治者であるように、「竜」が「獣の国」の支配者である。しかし両者は同等ではない。神は「竜」をはるかに超えている。両者は存在の次元が異なっている。

神は万物を創造した方（黙4・11）、創造主である。しかし「竜」は被造物であり堕落天使である。それゆえ「竜」が戦うのは神ではなく、神の被造物である大天使ミカエルである。

「ミカエルとその使いは竜と戦った。
竜は戦い、その使いも戦ったが、勝てなかった」（黙12・7、8）

創造者　↔　被造物
①神②小羊③聖霊　天使ミカエル
←　①竜↓　②獣・③にせ預言者・④大バビロン
堕落天使

創造者が被造物の反乱を罰し、転落させる。すなわちこれは戦いというよりは裁きである。すでに初めから勝敗は決している。

「もはや彼らの場所は天にはなくなった。大きな竜は投げ落とされた。
古い蛇、悪魔またサタンと呼ばれる者、全世界を惑わす者が。

彼は地に投げ落とされ、彼の使いたちも彼と共に投げ落とされた」（黙12・8、9）

竜の敗北

竜はキリストを攻撃するが、キリストは十字架の死と復活によって竜に勝利し、天に帰る。

「竜は子（キリスト）を産もうとしている女（イスラエルの民）の前に立った。産んだときその子を食い尽くすためである。女は男の子を産んだ。……その子は引き上げられた。神のもとへ、その御座へ」（黙12・4、5）

竜はキリストとの戦いに敗北し、地に転落する。竜は天から地へ「投げ落とされ」（12・9、10、13）、その活動は「地」に限定された。竜は最終的に敗北し火の池へと転落する。

「彼らを惑わした悪魔は、火と硫黄の池に投げ込まれた」（黙20・10）

竜の敗北は決しているので、困難な戦いではあるが恐れることはない。

竜の怒り

天から投げ落とされた竜は激しく怒って、地上の民を襲う。

「禍(わざわい)だ。地と海とは。悪魔が激しく怒って、あなたたちのところへ下ったからである。彼は時が短いことを知っている」（黙12・12）

「悪魔」の活動範囲は狭められ、「時が短いこと」（黙12・12）を知って「激しく怒り」、神の国を攻撃する。

「竜」の憤怒が「獣の国」の原動力となっているため、この国には激しい憎しみや怒り、暴力が満ちている。竜は「苦々しいねたみや利己的な思い」（ヤコブ3・14、16）の種を蒔き、「敵意、争い、そねみ、憤り、党派心、分裂、分派」（ガラテヤ5・20）を引き起こし、人々は「互いに挑み合ったり、ねたみ合ったりして」（同5・26）破滅していく。憎しみが憎しみを生み、敵意が敵意を生む「憎悪の連鎖」が地に広がっていく。

竜は死力を尽くして闇の力を結集し、人類に戦いを挑んでいる。それゆえ正義と真理に生きようとする者は、闇の力の攻撃を受ける。

悪魔との戦い

私たちの戦いとは、究極的にはこの暗黒の力、サタンとの戦いである。パウロは警告する。

「悪魔の策略に対して堅く立つことができるように、神のすべての武具を身に着けなさい。私たちの格闘は血肉に対するものではなく、支配、力、この暗闇の世界の支配者たち、また天上にいるもろもろの悪霊に対するものです」（エペソ6・11、12）

その戦いは天地創造から始まり、新天新地まで続く。悪魔は蛇となってアダムとエバを誘惑し、神に反逆させ、その結果、彼らはエデンの園から追放された。それゆえサタンは「古い蛇」（黙12・9）と呼ばれている。

神と竜

しかし「竜」・サタンとの戦いに怯（おび）える必要はない。「竜」の最終的な敗北はすでに決しており、その活動も空間的、時間的に限定されているからである。「竜」の活動は「地」に限定されている。彼が惑わすことができるのは、「地の上に住む者たち」のみであり、彼は「この世の神」（Ⅱコリント４・４）でしかない。また「竜」の活動が許されているのは「短い時」にすぎない。

これに対し、神の支配は永遠であり、時空を超えた無限の栄光に満ちている。神は「天」におられ「天に住む者たち」から賛美と礼拝を受け、「天」のみならず「地」と「海」とそこにあるすべてのものを、「創造者」（黙10・6、14・7）として支配している。

戦いは続くが、やがて「竜」に許された期間は終わり、彼は一切の権能を奪われ、火の池に投げ込まれ、滅亡する。

竜の策略

「竜」はどのようにして私たちを攻撃するのだろうか。「獣」の暴力、「にせ預言者」の欺瞞、「大バビロン」の欲望によってである。それらを具体的に見ていこう。これらの策略を知ることによって、私たちは暗闇の力の本質を見抜き、惑わされず屈せず、戦いに勝利することができる。そのための知幻を黙示録は私たちに示している。

第３節　麦と毒麦

「麦と毒麦」のたとえ

竜・悪魔との戦いが最後まで続くことについてはイエスも警告している。「麦と毒麦」のたとえ話である。「畑」（この世界）にイエスによって「良い種」として「麦」がまかれたが、そこに「悪魔」が「毒麦」をまいた。

「麦」に象徴される神の国の光が拡がり続けるが、「毒麦」に象徴される悪の暗黒も深まっていく。収穫の日まで、両者はともに勢力を拡大し、互いの葛藤は激しさを増し、やがてその頂点に至る（マタイ13・24～30）。

収穫までは「麦」と「毒麦」は区別がつきにくい。それゆえ両者を見分ける鋭い識別力が必要である。しかし刈り入れの日にすべてが明らかになり、光は闇に勝利する。「毒麦」は世の終わりまで蔓延（まんえん）するが、同時に「麦」も成長し、やがて刈り入れの時を迎える。「毒麦」は刈り取られて火に投げ込まれ焼かれるが、「麦」は集められ神の倉に収められる（マタイ13・36～43）。

「からし種」と「パン種」のたとえ

麦の勝利は「からし種」と「パン種」のたとえによって強調されている。この二つのたとえは、「麦と毒麦」のたとえの中にある。

(1)「麦と毒麦」のたとえ　（マタイ13・24〜30）
(2)「からし種」と「パン種」のたとえ　（マタイ13・31〜33）
(3)「麦と毒麦」のたとえの解釈　（マタイ13・36〜43）

神の国は小さな「からし種」のように見えても、成長を続け現世を変えていく。

「天の御国はからし種に似ています。人はそれを取って畑に蒔きます。どんな種よりも小さいのですが、生長すると、どの野菜よりも大きくなって木となり、空の鳥が来て、その枝に巣を作るようになります」（マタイ13・31、32）

また小さな「パン種」が内部で発酵し全体を膨らませる。

「天の御国はパン種に似ています。女の人がそれを取って三サトンの小麦粉の中に混ぜ

ると、全体がふくらみます」（マタイ13・33）

「麦」は「毒麦」に勝利する。神の国は成長し、闇の力を打ち破り、全地に確立される。「神の国」はたとえ小さく見えても、「からし種」のように成長し、「パン種」のように全体を変革して地を満たしていく（ルカ13・18～21）。

キリストの王国は一貫して拡大し、全世界に及んで究極に至り、最終的に勝利する。それゆえ恐れることはない。勝利の希望は揺るがない。

二つのグローバル化

「麦」と「毒麦」、二つの勢力のせめぎ合いは聖書全体を貫いている。「毒麦」の流れの始まりは、神への反逆としてのバベルの塔（創世11章）であり、その究極は「大バビロン」（黙17章）である。また「麦」の流れはアブラハムへの祝福の約束（創世12章）から始まり、その究極は全世界への宣教、「新しいエルサレム」の栄光（黙21章）である。[1]

「麦と毒麦」の終末論

この地上には「麦と毒麦」が混在している。収穫の日までは「麦」とともに「毒麦」も成長している。「毒麦」がびっしりと根を張っているので、「麦」は成長を妨げられる。「麦」は「毒麦」の妨害、侵食による苦難を受ける。光の国は全世界に拡がるが、闇の力もまた拡大していく。そのせめぎ合いは収穫直前に極まる。それがキリスト再臨直前の「患難期」である（第10章で詳述）。

この患難期をどのように生きるのか、そこにどのような希望があるのかが重要である。それは厳しい戦いではあるが、「麦」の勝利は確定しており、その勝利が「からし種」の成長として語られている。黙示録は終末の苦難を超えて「麦」が「毒麦」に勝利することをさまざまな幻によって示している。

それゆえ黙示録は希望の書である。

第6章　小羊の勝利

第1節　獣の暴力

「獣」の幻

「竜」に続いて黙示録13章で「獣」が登場する。「獣」は「豹（ひょう）」に似ており「熊」の足と「獅子」の口を持っている（黙13・2）。獰猛な動物のシンボルがその暴力性を表している。

「海から一匹の獣が上って来た。これには十本の角と七つの頭とがあった。その角には十の王冠があり、その頭には神を冒瀆する名があった。私の見たその獣は豹に似ており、

足は熊のよう、口は獅子の口のようであった」（黙13・1、2）

竜と獣の礼拝

「獣」に力と王座と権威を与えたのは「竜」であり、両者は一体である。両者は共に「十本の角と七つの頭」を持ち、「王冠」をかぶっている。「大きな赤い竜」は「七つの頭と十本の角とを持ち、その頭には七つの王冠がある」（黙12・3）。

「竜」は「獣」に権威を与え、両者は一体となって全世界の人々から礼拝される。


「この獣に、竜は自分の力と自分の王座と大きな権威とを与えた。……

全地は驚いてその獣の後について行った。そして竜を礼拝した。

竜が権威を獣に与えたからである。また彼らは獣を礼拝して言った。

『誰がこの獣のようだろうか。誰がこれと戦うことができようか』」（黙13・2〜4）

「獣」は強大な軍事力によって人々を圧倒し従わせ、礼拝させる。軍事力の礼拝、力の礼拝である。この地上の「竜と獣」の礼拝（黙12、13章）は、天の「神と小羊」の礼拝（黙4、5章）と鋭く対比されている。

獣とローマ帝国

この「獣」の「秘儀」、「七つの頭と十本の角」の意味は黙示録17章で明らかにされる。「七つの頭」とは「七人の王」であり、「十本の角」は「十人の王」である（黙17・7〜13）。すなわちこの「獣」は王の連合体であり、ローマ帝国の政治的権力を象徴している。

黙示録が書かれた一世紀末、ローマは強大な軍事力によって戦争に勝利し、巨大な帝国を作り上げていた。

神のしもべ

ローマ帝国は、地上の秩序を維持するために神によって建てられた「神のしもべ」である（ローマ13・4）。それゆえ「人はみな、上に立つ権威に従うべき」である。「存在している権威はすべて、神によって立てられ」たもの（ローマ13・1）だからである。

ローマ帝国はローマ法に基づく法治国家であり、優れた法秩序によって帝国内に平和と安全をもたらしていた。二世紀の五賢帝の時代にはローマは最も安定し、繁栄し、その統治は「パックス・ロマーナ」（ローマの平和）と呼ばれた。

パウロが十年間に三回の伝道旅行を行い、福音を帝国の各地に宣教できたのは「ローマの平和」のゆえである。ユダヤ人の迫害から彼を守ったのは、ローマの百人隊長だった。彼はローマ市民権を持っていたので皇帝への上訴権を認められ、ローマ軍によって保護され首都ローマへ護送された。

教会は「神のしもべ」としての国家を敬い、そのために祈る。これは初代教会の国家観である（Ｉペテロ２・13～17）。

獣化

だがしばしば国家は自らの分を超えてその権威を絶対化し、自らを神格化する。ローマ帝国においても一世紀のドミティアヌス帝、四世紀のディオクレティアヌス帝などは、自らを神と宣言し礼拝を強要した。そのような冒瀆的な国家を、黙示録は「獣」と呼ぶ。

第２節　小羊の非暴力

屠られた小羊

竜と獣の憎悪と暴力の世界をどのようにすれば克服できるのだろうか。神と小羊の幻（４、

５章）がその道を示す。獰猛な「獣」に対峙するのは吼え哮ける「獅子」ではなく、屠られた「小羊」である。

ヨハネは見た。「御座と四つの生き物の間、長老たちの間に小羊が立っていた。小羊は屠られたよう」だった（黙５・６）。キリストは十字架で「世の罪を取り除く神の小羊（子羊）」として屠られ、その血によって全人類の救いを成し遂げた。

和解の王国

「竜」と「獣」の憎しみの連鎖を断ち切るのは、「小羊」の血による和解の福音である。イエスの「血によって……罪から解放」された（黙１・５）民は、怒りと憎悪の満ちる世界で非暴力と赦しの共同体として生きていく。

和解の民は「清いもの……平和、優しさ、協調性」などの「上からの知恵」（ヤコブ３・17）を与えられ、「あわれみ」に満ち「平和をつくる人々」（同３・18）となって証言を続け、小羊キリストの勝利にあずかる。

黙示録の非暴力

黙示録は暴力的な書であると言われるが、そうではない。この書の主題である小羊キリストは、非暴力のシンボルである。イエスの生涯も、またその教えも暴力を否定している。イエスは、武装した群衆やローマ軍に取り囲まれたとき、武器を取って戦おうとするペテロに命じた。

「剣をもとに収めなさい。剣を取る者はみな剣で滅びます」（マタイ26・52）

そして残酷な十字架刑によって処刑されたが、復活によって勝利した。

「小羊」に従う民は、剣によって戦うことなく非暴力を貫く。「獣」や「にせ預言者」、「大バビロン」は自らに従わない者を殺すが、小羊の民は証言ゆえの殉教によって勝利する。

「(二人の証人)がその証言を全うすると、一匹の獣が底知れぬ所から上って来て彼らと戦って勝ち、彼らを殺す」（黙11・7）

「(にせ預言者は)獣の像を礼拝しない……すべての者を殺させた」（黙13・15）

「(大バビロン)は聖徒たちの血とイエスの証人たちの血に酔っていた」（黙17・6）

「虜（とりこ）になるべき者は虜にされて行く。
剣で殺されるべき者は剣で殺される。
ここに聖徒たちの忍耐と信仰がある」（黙13・10）

パウロの非暴力

使徒パウロも非暴力を貫き、信仰ゆえに殉教した。パウロが伝道した五〇～六〇年代、ユダヤ人はローマ帝国からの独立を悲願としていた。首都エルサレムはそれまでの六百年間に六つの帝国によって占領された。

前六世紀のバビロニア帝国、ペルシア帝国、前四世紀のギリシア帝国、エジプト帝国、前三世紀のシリア帝国、前一世紀のローマ帝国である。独立を果たしたのは、前一四二～前六三年の約八十年間のみである。このような厳しい政治状況の中で新約聖書は書かれた。

パウロの生きた時代は、イスラエルが独立戦争へと傾斜していく時だった。前六年ユダヤ地方はローマの属州とされ、神殿での祝祭もローマ軍によって厳しく監視されていた。このような状況の中で、イスラエルの民にとって「救い」とはローマの支配からの解放を意味していた。パウロは、生粋のユダヤ人、パリサイ人として、同国人、イスラエル民族を深く愛していた。

「私は、自分の兄弟たち、肉による自分の同胞のためなら、私自身がキリストから引き離されて、のろわれた者となってもよいとさえ思っています」（ローマ９・３）

しかし彼は広がりつつある民族解放、ローマ帝国打倒のための武力闘争には参与しなかった。彼はキリストの弟子として「悪に対して悪を返」すことなく（Ⅰテサロニケ５・15）、「ののしられては祝福し、迫害されては耐え忍び、中傷されては、優しいことばをかけ」た（Ⅰコリント４・12、13）。彼は暴君ネロのキリスト者迫害の中で、自らの死をはっきりと知りながら、抵抗することなく非暴力を貫き、弟子のテモテに最後の手紙を書き送って殉教した。

天の国籍

「私たちの国籍は天にあります。そこから主イエス・キリストが救い主として来られるのを、私たちは待ち望んでいます」（ピリピ３・20）

永遠の天の都には、独善的な民族主義や偏狭な愛国主義は存在しない。初代教会にはユダヤ人が多くいたが、彼らも独立戦争に関わることはなかった。六六年の武装蜂起は悲惨な敗北に終わり、国家は滅亡した。しかし教会は三一三年にローマ帝国によって公認され、後に国教となった。獣の暴力に対し剣で戦いを挑んだ民は敗北し、武器を取らない平和の民が証言と殉教によって勝利した。

初代教会の非暴力

三世紀まで、教会は強大な軍事国家であるローマ帝国の中で、迫害される少数者として非暴力を貫いた。サイダーは記す。

「コンスタンティヌス帝以前に、キリスト教著述家が書いたものの中に、クリスチャンが人を殺すことや軍隊に参加することを正当とする議論は一編も見つかっていない[1]」

四世紀のディオクレティアヌス帝は、一世紀末のドミティアヌス帝をはるかに超える最後の大迫害を行ったが、教会は非暴力を貫いた。

そしてついに四世紀、無力に見えた小羊キリストの民が、強大な軍事力を誇る巨大国家ローマ帝国に非暴力によって勝利した。キリスト教の公認である。黙示録は、弱く無力に見える小羊の民がどのようにして獰猛な獣の国を倒したのか、その道を示し私たちを励ます。

第３節　非暴力の勝利

キリスト教国による戦争

キリスト教国家による暴力的支配が批判されている。確かに中世の十字軍は中東のイスラム教徒を虐殺し、十六世紀、カトリックのスペイン、ポルトガルは、中南米のインカ王国、アステカ王国を滅亡させ、十八世紀、ピューリタンは、北米の先住民を虐殺し、十九世紀、ヨーロッパの帝国主義列強はアジア、アフリカの国々を植民地として支配した。

二十一世紀においても、キリスト教国家が軍事力によって他国に侵攻し、それを教会は支持している。二〇〇一年、アメリカのブッシュ大統領はイラクを空爆し、それを「十字軍」と呼んだ。二〇二二年、ロシアのウクライナ侵攻をロシア正教会は支持している。しかしこれらはキリスト教本来の姿ではない。

四世紀の変化

戦争の問題を考えるときに注意すべき点がある。それは三世紀までの初代教会と、四世紀以降のキリスト教国家とは大きく異なっていることである。

四世紀初頭のディオクレティアヌス帝の大迫害の後、三一三年、コンスタンティヌス帝（三〇五～三三七年）によってキリスト教が公認され（ミラノの勅令）、さらに三九二年にテオドシウス帝によって国教化され、事態は大きく変化した。

無力に見えた小羊キリストの民が、強大な軍事力を誇る巨大国家ローマ帝国に、非暴力によって勝利した。

他方、小羊の非暴力は失われ、帝国の軍隊はキリスト教国家の軍隊となり、教会は迫害される少数者ではなく、迫害する多数者となった。現在の暴力的なキリスト教の源はここにある。

内村・非戦

初代教会の非暴力に共感し、戦争の熱狂の中で、すべての戦争暴力を否定したキリスト者が日本にいる。内村鑑三である。一九〇四年、国中が日露戦争の勝利に沸き立つ中、内村鑑三は「非戦論」を主張し、絶対非戦を唱えた。

彼は一八九四年の日清戦争では「義戦論」を唱えた。しかしその後、聖書の学びによって新約聖書は非暴力であることを確信した。また英字新聞によって世界情勢を分析し、一八九八年の米西戦争はアメリカのフィリピン、キューバへの領土欲からであり、一八九九年のボーア戦争（南アフリカ戦争）はイギリスによる金やダイヤモンドなどの資源の獲得のためであることを悟った。

そしてこれら「キリスト教国」の起こした戦争は、植民地獲得のための「欲戦」であると断言し、一九〇四年の日露戦争では、非戦論を唱えた。

腕力の福音

内村鑑三は当時の欧米のキリスト教を現世的な「腕力の福音」であると呼んでいる。彼によれば非戦、非暴力こそが「福音の最要部分」であり、「信仰の試験石」（一九一七年）である。四世紀、国家と一体化した後、教会は世俗化し、霊的な意味では「基督教会は世界勢力と成りしその時にすでに亡びた」（一九一六年）。軍事力によって世界を支配しようとするのは「狭き変態的基督教」（一九一八年）である。キリスト教が世俗の権力と結びついたとき、永遠の世界への眼が閉ざされ、「物質主義」の虜となって「浅薄にして現世界的な宗教」（一九〇四年）へと変質していった。

愛国者

戦時に戦争に反対する者は「非国民」と呼ばれ排斥される。しかし愛国とは何だろうか。一八九四年の日清戦争、一九〇四年の日露戦争に続き、第一次大戦でも勝利した日本はさらなる軍事力の増強に努めた。

しかし内村はこの軍備拡張政策に反対し警告した。その警告の十数年後、これらの戦争の延長として行われたアジア・太平洋戦争によって日本は破滅した。

彼の警告に耳を傾けていたなら、日本はアジアの多くの国々に災いをもたらすことも、壊滅することもなかっただろう。日清戦争からアジア・太平洋戦争の敗戦まで、五十年間の歴史を振り返ると、内村鑑三こそが真の「愛国」者であったことがわかる。

彼の墓碑には、「二つのＪ」（ＪｅｓｕｓとＪａｐａｎ）として知られる言葉が刻まれている。

「I for Japan;　　私は日本のため
Japan for the World;　　日本は世界のため
The World for Christ;　　世界はキリストのため
And All for God.　　そしてすべては神のため」

愛国心とは、敵国を憎み、声高に武力の行使を求めることではない。より広い視野から何が真の平和であるのかを見極め、恐れることなく発言することである。

現代の戦争

二十一世紀の現代においても戦争の問題は深刻である。二〇〇一年のイラク戦争では大量破壊兵器は見つからず、大義のない失敗した戦争と呼ばれている。

二〇〇一年のアフガン戦争は、二〇二一年にアメリカが敗北、撤退し「無限の自由」作戦は失敗した。二十年間の「民主化」のための支配によって二十万人の民間人が亡くなったと言われている。

二〇二二年のロシア・ウクライナ戦争、二〇二三年のハマス・イスラエル戦争は世界戦争へと拡大する危機の中にある。これらの戦争では戦争の形態が大きく変化し、無人機によるドローン攻撃が戦いの帰趨を決しようとしている。さらにＡＩ兵器は、火薬、核兵器に続く第三の兵器革命と呼ばれているが、すでに実戦で使用されつつある。ＡＩ自律型兵器の実戦使用の危機も高まっている。

日本は悲惨な敗戦の後、平和憲法により再出発したが、一九九九年に盗聴法、国旗国歌法、周辺事態法が成立し、二〇一三年に秘密保護法も成立、さらに二〇一五年の安保関連法による集団的自衛権の容認、そして二〇二三年の安保三文書による敵基地攻撃能力の保有によって、実質的に平和憲法は破棄されつつある。

非暴力的抵抗

このような現代の暴力的状況に対し、私たちは小羊の民として非暴力で抵抗する。初代教会の非戦論は二十一世紀の現代においても有効である。サイダーは言う。

「非暴力で悪に抵抗することは、夢物語でもなければ、実効性のない無駄な行動でもない。過去百年（特にここ五十年）、不正や圧制、残忍な独裁に対する非暴力の抵抗は、何度もめざましい成功を収めている[2]」

「イギリスからの独立を求めるインドの非暴力闘争は勝利するまでに二十八年（一九一九〜四七年）を要し、フランス植民地主義に勝利したアルジェリアの激しい抵抗が要した八年（一九五四〜六二年）よりはるかに長い時間がかかっている。しかし、この独立戦争で死亡したインド人は八千人だったのに対し、アルジェリア人は百万人が命を落とした。……インドの死者は四万人に一人だったのに対し、アルジェリアでは十人に一人が犠牲になった[3]」

「またナチスに占領された『ノルウェーとデンマークは、……国を挙げて非暴力的抵抗と市民の不服従』によって大きな成果をあげた[4]」

ジーン・シャープは、非暴力抵抗運動のための百九十八の具体的提案をし、それは現在でも有益である。[5]
私たちは四世紀以降の暴力化したキリスト教ではなく、三世紀までの非暴力を貫いた初代教会の平和主義に学ぶ必要がある。私たちは暴力化する世界にあって小羊の非暴力の民、平和の民として生きていく。

キング牧師の非暴力

暴力化する現代社会において、非暴力で現代社会の諸問題に立ち向かい、二十世紀に大きな社会変革を成し遂げた人がいる。マルチン・L・キング牧師（一九二九～六八年）である。彼は一九六〇年代、敵意と分断の広がる現代社会において黒人の権利のために立ち上がり、非暴力、平和主義によって公民権運動を戦い勝利し、社会を変革した。

一九六三年、人種差別撤廃を求めたワシントン大行進で、キング牧師は語った。


「私には夢がある。

いつの日かジョージアの赤土の丘の上で、かつての奴隷の子孫たちとかつての奴隷主の子孫たちとが、共に兄弟愛のテーブルに着くことができるという夢が。……

私には夢がある。
私の幼い四人の子どもたちが、いつの日か、肌の色ではなく、
その人格によって評価される国に住むという夢が。……
私には夢がある。
いつの日かまさにそのアラバマで、小さな黒人の少年と黒人の少女が、
小さな白人の少年と少女と、兄弟や姉妹のように手をつなぐことができるという夢が。
私には今日、夢がある[6]」

終末的ヴィジョン

この講演の前半はよく知られているが、その最後が重要である。

「私には夢がある。
いつの日かすべての谷が高くされ、すべての丘と山が低くされ、
でこぼこの地が平地とされ、曲がった地がまっすぐにされ、
主の栄光が現され、すべての肉なるものが共にそれを見るという夢が」

それはイザヤ書40章の新しい天と地の預言である。

「すべての谷は引き上げられ、
すべての山や丘は低くなる。
曲がったところはまっすぐになり、
険しい地は平らになる。
このようにして**主**の栄光が現されると、
すべての肉なる者がともにこれを見る」
（イザヤ40・4、5、ルカ3・5、6）

やがて世の終わりにすべてが新しくされ、神の義と平和が実現するという預言である。彼の非暴力抵抗運動の原動力は、聖書の終末的ヴィジョンだった。それゆえこの夢は単なる願いや望みではない。確かな約束に基づく揺るがぬ確信である。黙示録はこの究極の平和の世界を幻によって示している。

それゆえ黙示録は希望の書である。

第7章　二人の証人とにせ預言者

第1節　にせ預言者と二人の証人

第二の獣

「竜」と「獣」が暴力的に地上を支配するとき、もう一匹の獣が現れその権力に偽りの宗教的権威を与える。ヨハネは幻を見る。

「もう一匹の獣が地から上って来た。それには小羊に似た二本の角があり、竜のように語った。この獣は初めの獣のすべての権威をその獣の前で働かせる。また地と地に住む

者たちに、初めの獣を礼拝させる。死の傷のいやされたあの獣を」（黙13・11、12）

この第二の獣は「にせ預言者」（黙16・13、19・20、20・10）と呼ばれている。「竜」「獣」「にせ預言者」は一体となって地上の民を欺き、破滅させる。彼らの汚れた霊が、ハルマゲドンに地上の王たちを集める。ヨハネは見る。「竜の口、獣の口、にせ預言者の口から、蛙のような三つの汚れた霊が出て来るのを」（黙16・13）

「竜、獣、にせ預言者」は、「神、キリスト、聖霊」の聖なる三位一体に対し、悪魔的三位一体と呼ばれている。

獣の刻印

「にせ預言者」は「獣」への礼拝を強制し、そのための監視を徹底する。

「（にせ預言者は）すべての者に、小さい者も大きい者も、富める者も貧しい者も、自由人も奴隷も、その右手か額に刻印を与えた。また誰も買うことも売ることもできないようにした。その刻印を持たないなら。刻印とは獣の名、またその名の数字である」（黙

13・16、17）

これはローマ帝国の各地で行われた皇帝礼拝を示している。皇帝は「神の子」であり、死後は神として神殿に祀られた。彼を礼拝することは、ローマ帝国への忠誠を示すしるしでもあった。

善の偽装

にせ預言者には「小羊のような二本の角」があった。第一の「獣」の頭のうちの一つは「屠られ死んだようだったが、その死の傷はいやされた」（黙13・3）。共に小羊キリストを模倣している。悪は善を偽装する。

悪が悪として現れるのなら、少なくとも誰が敵であるのかは明瞭である。しかし悪は善を偽装してやって来る。イエスは言われた。

「偽預言者たちに用心しなさい。彼らは羊の衣を着てあなたがたのところに来るが、内側は貪欲な狼です」（マタイ7・15）

パウロも「にせ使徒」、「人を欺く働き人」について警告した。サタンは「光の御使いに変装」し、サタンのしもべは「義のしもべに変装」すると。

「こういう者たちは偽使徒、人を欺く働き人であり、キリストの使徒に変装しているのです。しかし、驚くには及びません。サタンでさえ光の御使いに変装します。ですから、サタンのしもべどもが義のしもべに変装したとしても、大したことではありません。彼らの最後は、その行いにふさわしいものとなるでしょう」（Ⅱコリント11・13〜15）

サタンは「偽りの父」（ヨハネ8・44）である。嘘や偽り、にせの情報によって、サタンは私たちを惑わす。

二匹の獣と二人の証人

光の国が力強く進展するとき、闇と欺きの力も広がっていく。惑わしの力はあらゆる時代、地域に広がっているが、終末の時代にその欺瞞はさらに巧妙かつ執拗になる。

欺瞞が横行し監視が強化される現代世界において、私たちはどのようにして真理を証言できるのだろうか。「二人の証人」（黙11章）の幻がその道を示す。

「二人の証人」（黙11章）は二匹の獣（黙13章）と対比されている。「獣」と「にせ預言者」は結託して民を偽りの礼拝へと誘い込むが、「二人の証人」は「獣」の暴力にも屈せず証言を続け、殉教し勝利する。

神は宣言する。

「『わたしは、わたしの二人の証人に預言することを許す。千二百六十日の間、荒布を着て。』彼らは二本のオリーブの木、また二つの燭台である。彼らは大地の主の御前に立っている」（黙11・3、4）

「二人の証人」は終末の苦難の時代に、恐れることなく正義と真理のために証言を続ける。「二人の証人」の「千二百六十日」は「獣」の支配する「四十二か月」と同じ期間である。

証言による殉教

「二人の証人」は「証言を全うする」と、獣によって殺される（黙11・7）。二人の証人の死はイエスの十字架の死と結ばれている。その死体がさらされるのは「彼らの主も十字架につけられた」（黙11・8）大きな都である。

キリストは王でありながら苦難を受け、証言を続け十字架で小羊として屠られ、私たちを救い出した。私たちもまた苦難の中でも証言を全うし、主の栄光にあずかる。

敗北ではなく勝利

真理の証人、殉教者の死を世の人々は喜ぶ（黙11・9、10）。真理の証言者が偽りを行う人々を苦しめたからである。終末の苦難の時代には、聖なるものが「踏みにじ」られる（黙11・2）。それはゴルゴタの十字架のように、惨めな敗北の死に見える。しかし二人の証人の証言は、死では終わらない。復活の勝利と昇天が宣言される。

「三日半の後、生命の息が神から出て彼らに入った。彼らが足で立ち上がると、大きな恐れがそれを見た人々を襲った。彼らは聞いた。大きな声が天から彼らに言った。『ここに上れ。』彼らは雲に乗って天に上った」（黙11・11、12）

スミルナの教会

この「二人の証人」の幻は、七つの教会の中では、困難のなかでも忠実に証言を続けたスミルナの教会と深く結ばれている。スミルナの教会は困難の中で小さく貧しかった。しかしその信仰をイエスは賞賛し励ます。

「恐れるな。あなたが受けようとしている苦しみを。見よ。悪魔はあなたがたの中のある者を牢に投げ込もうとしている。それはあなたがたを試みるためである。あなたがたは十日間、苦難を受けるであろう。死に至るまで忠実であれ。そうすればわたしはあなたに生命の冠を与えよう」（黙２・10）

その言葉を実行し、勝利した民の姿が「二人の証人」の幻である。

証言による勝利

二人の証人は獣によって証言のゆえに殉教したが、復活し、勝利して天に帰った。私たちもまた敗北したかのように見えても、必ず最終的に勝利する。その約束を信じて、死をも恐れず真理の証言を続ける。その力を黙示録は私たちに与える。

「兄弟たちは彼に勝利した。小羊の血と自らの証しの言葉とによって。
彼らは自らのいのちを愛さず死に至った」（黙12・11）

第2節　迫害と証言

長崎・二十六聖人の殉教

二人の証人は証言を全うすると獣に殺された。迫害の中で私たちはどのようにして真理を証言することができるのだろうか。日本の歴史を振り返ってみよう。

苦難の中でも、殉教をも恐れず信仰を守り通した人々がいる。江戸時代、明治時代のキリシタンである。一五四九年、ザビエルによって伝えられたキリスト教は、四十年ほどの間に多くの改宗者を得た。キリスト教は戦国の乱世に苦しんでいた人々の心を捉え急速に普及し、一六一四年にはキリシタンは三十七万人に達した。当時の人口は現在の四分の一ほどなので、現代に換算すると百五十万の信者となる。高槻の高山右近など優れた武将が信者となり、領民に信仰が浸透した。

しかしキリスト教は秀吉のバテレン追放令（一五八七年）によって迫害の時代となり、一五九七年には長崎で二十六聖人が殉教した。彼らは京都から長崎まで歩き、十字架上で殉教した。その中には子供もいたが、彼らの信仰は揺るがなかった。彼らは「全地よ、神をたたえよ」と賛美しつつ息を引き取ったが、その崇高な姿はキリシタンの信仰を奮い立たせた。

筆者がイギリスで出会ったカトリックの老婦人によれば、この殉教は広く知られており、それゆえ日本のクリスチャンは世界から尊敬されているとのことである。

その後、江戸幕府による禁教令（一六一四年）によってさらに厳しく弾圧され、迫害は明治六年（一八七三年）まで二百八十年間続いた。

日本にはキリスト者は存在しないと思われていたが、ひそかに信仰は守られ、一八六五年、江戸時代の禁教令から二百五十年後に信徒が発見された。これほど長期にわたる厳しい迫害の時代を生き延び、復活した例は他にない。これは「世界宗教史上の奇跡」と呼ばれている。その信仰の遺産は二〇一八年、世界文化遺産に認定された。

ローマ帝国と日本

パウロ、ペテロ、ヨハネに続く初代教会は、ネロ皇帝による迫害の時代（六〇年代）から四世紀のキリスト教公認（三一三年ミラノ勅令）まで、二百五十年間、苦難と試練の中を歩んだ。

しかし日本のキリシタンは、彼らよりさらに長期にわたり、より苛酷な迫害を耐え忍び、信仰を守り抜いた。

迫害・日本		迫害・ローマ	
一五八七	秀吉によるバテレン追放令	六四	ネロ帝の迫害
一五九七	長崎二十六聖人の殉教	九五	ドミティアヌス帝の迫害
一六一四	徳川幕府による禁教令	三〇三	ディオクレティアヌス帝の迫害
一八六五	信徒発見	三一三	コンスタンティヌス帝による キリスト教公認（ミラノ勅令）
一八七三	（明治六年）禁教の解除		
二百八十年間		二百五十年間	

十字架と天国

なぜ彼らは迫害に屈せず、生命を賭けて信仰を守り抜くことができたのだろうか。二つの秘訣がある。キリストの十字架の苦しみと天国への道である。苦難の中で、彼らはイエスの受難、流された血の尊さを思う。

「御血、御一滴の御功徳はなおあまりある事なるに、
いかにいわんや、なんじ一人の罪をゆるしたまわんためにも、
一滴にてもましまさず、無量の御苦しみをしのぎたまへたる上に、

「御血をことごとく流したもふ[1]」

彼らは地上の苦難、迫害をキリストの苦しみにあずかることと信じ、死をも恐れず「マルチリヨ」（殉教）の道を歩んだ。「呵責を受くる間は、イエズスの御パシヨン（御受難）を目前に観ずべし」

さらに彼らは地上の現世利益ではなく、永遠の世界における祝福「あにま（霊魂）のたすかり」（霊魂が死後神のもとで永遠の生命を得ること）を何よりも重要なこととしていた。

「人の上に大事の中の一大事といふは、あにまのたすかるといふ事[2]」

彼らは戦乱と無常の世を越えた世界、パライソ（天国）を見つめていた。

浦上四番崩れ

キリシタンへの迫害は江戸時代だけではない。明治政府による大規模な迫害は「浦上四番崩れ」と呼ばれた。浦上では一村が総流罪となり、三千三百九十四名が二十一藩へ流罪とされ、六百六十四名が殉教した。

西日本の各地へ流罪となったキリシタンは、その苦難を「旅」と呼んだ。地上の苦難の日々は、永遠の世界へ向かう旅路である。私たちはこの永遠の国をめざして旅をする。

「これらの人たちはみな……約束のものを手に入れることはありませんでしたが、はるか遠くにそれを見て喜び迎え、地上では旅人であり、寄留者であることを告白していました」（ヘブル11・13）

大日本帝国憲法

一八八九年（明治二二年）に発布された大日本帝国憲法には、次のように記されている。

「第一条　大日本帝国は万世一系の天皇之を統治す
第三条　天皇は神聖にして侵すべからず
第二十八条　日本臣民は安寧秩序を妨げず及臣民たるの義務に背かざる限りに於て信教の自由を有す」

この憲法は敗戦の一九四五年（昭和二〇年）まで国家の根幹をなしていた。

不敬事件

明治憲法では「万世一系の天皇」が統治すると宣言されているので、その権威と対立する絶対神を信じるキリスト教は国家から警戒されていた。その結果、一八九一年（明治二四年）、内村鑑三の不敬事件が起こった。

一八九〇年（明治二三年）、教育勅語が発布され全国の学校に付与されたとき、内村は第一高等学校の教諭だった。その授与式で拝礼の時の頭の下げ方が十分ではないという理由から、内村は離職を余儀なくされた。

この事件は、見せしめのために意図的に全国に報道された。彼は不敬の徒、国賊と嘲られ、罵られ、心労によって妻は亡くなり、彼自身、旅先でも宿帳に名前を書くと、宿泊を断られた。職を失い、日々の糧をも欠く苦難の日々が、彼の信仰を形成した。このような苦難の中でも、彼は希望を失うことはなかった（『基督信徒の慰め』）。

ホーリネス弾圧

天皇主権の明治憲法では、信教の自由は制限されていた。宗教への支配は戦時下で一層強まり、一九三九年（昭和十四年）には宗教団体法が成立し、各宗教は合同を求められた。

そして一九四二年、日本プロテスタント史上最大の迫害事件、ホーリネス教団弾圧事件が起こった。ホーリネス教会が標的にされたのは、その再臨信仰のゆえである。キリストが王として再臨し全世界を支配すると預言されている。このキリストの王権と、天皇の絶対主権とは鋭く対立する。軍閥政府はそれを見抜き、ホーリネス教団を告発、検挙そして解散させた。

一九四二年六月二十六日早朝に、ホーリネス系の教職者九十六名が逮捕された。翌年四月にはさらに二十八名が逮捕され、二百四十九の教会に解散命令が出された。七十五名が起訴され、七名が獄死した。

国家は戦争によって獣化する。敵国の人間を殺すことを強要し、そのために自国民が死ぬことを求める。終末の時代、私たちに求められているのは、獣化し戦争へと突き進む国家を批判し、真理の証言者としての使命を全うすることである。

かつて私たちは、獣化する国家の本質を見抜くことができず、破滅的な戦争を支持し、アジアや諸国の人々に多大な苦しみをもたらした。敗戦から八十年近くが経とうとしているが、過去の過ちを繰り返すことなく、世の終わりのしるしを読み取り、平和の民としての使命を全うしたい。

第3節　真理の証言

ポスト真実

欺きの力はあらゆる時代に働いているが、二十一世紀になってその力が急速に強まり、嘘が真実として拡散している。情報は真実かどうかではなく、信じるか否か、好きか嫌いかによって評価される。「脱真実」の時代である。

このような傾向が顕著になったのは、二〇一六年である。この年アメリカで大統領選が行われた。政治的指導者が真実を報道するメディアを「フェイクニュース」と断定する。人が信じればそれが「真実」だ、そう断言して反省しない。その結果、大統領となったのはトランプだった。

同じ年、イギリスでEU離脱が決まったが、その際、大量のにせ情報が拡散され、投票の結果に大きな影響を与えた。オックスフォード英語辞書は、その年の言葉として「ポスト・トゥルース（真実）」を選んだ。

さらに二〇二三年、生成AIの出現によって巧妙なフェイク映像が簡単に作成できるように

郵便はがき

恐縮ですが
切手を
おはりください

164-0001

東京都中野区中野 2-1-5

いのちのことば社

出版部行

ホームページアドレス　https://www.wlpm.or.jp/

お名前	フリガナ	性別	年齢	ご職業
ご住所	〒	Tel.　(　　)		

所属（教団）教会名	牧師　伝道師　役員 神学生　ＣＳ教師　信徒　求道中 その他 該当の欄を○で囲んで下さい。

WEBで簡単「愛読者フォーム」はこちらから！
https://www.wlpm.or.jp/pub/rd
簡単な入力で書籍へのご感想を投稿いただけます。
新刊・イベント情報を受け取れる、メールマガジンのご登録もしていただけます！

ご記入いただきました情報は、貴重なご意見として、主に今後の出版計画の参考にさせていただきます。その他、「いのちのことば社個人情報保護方針（https://www.wlpm.or.jp/about/privacy_p/）」に基づく範囲内で、各案内の発送などに利用させていただくことがあります。

いのちのことば社＊愛読者カード

本書をお買い上げいただき、ありがとうございました。
今後の出版企画の参考にさせていただきますので、
お手数ですが、ご記入の上、ご投函をお願いいたします。

書名

お買い上げの書店名

町
市　　　　　　　　書店

この本を何でお知りになりましたか。

1. 広告　いのちのことば、百万人の福音、クリスチャン新聞、成長、マナ、信徒の友、キリスト新聞、その他（　　　）
2. 書店で見て　3. 小社ホームページを見て　4. SNS（　　　）
5. 図書目録、パンフレットを見て　6. 人にすすめられて
7. 書評を見て（　　　）　8. プレゼントされた
9. その他（　　　）

この本についてのご感想。今後の小社出版物についてのご希望。

◆小社ホームページ、各種広告媒体などでご意見を匿名にて掲載させていただく場合がございます。

◆愛読者カードをお送り下さったことは（　ある　初めて　）
ご協力を感謝いたします。

出版情報誌　月刊「いのちのことば」定価88円（本体80円＋10%）

キリスト教会のホットな話題を提供!（特集）
いち早く書籍の情報をお届けします！（新刊案内・書評など）

□見本誌希望　　□購読希望

なり、真偽を見きわめることがきわめて難しくなっている。

断片化

真偽が不明となった世界で、家庭、地域、職場などの共同体が脆弱化し、断片化した個人はネットの膨大な情報の渦に呑み込まれていく。居場所を失った人々が、つながりを求めてネット上の仮想空間をさ迷う。そして孤独に耐えきれず、強固に見える仮想の共同体に属して安心を得ようとし、国家への所属感、民族意識、ナショナル・アイデンティティを強化する。

Ｈ・アーレントはナチスの支配を分析し、現代における疎外された個人による国家との一体化について書いた。「アトム化する社会で自らの居場所を失った人々は、孤独に耐えきれなくなり、強大な国家と一体化することによってアイデンティティを確立し安心する」（『全体主義の起源』）

戦後七十余年、個人の断片化、アトム化はさらに進んでいる。

にせの平安

神によって造られた被造物としての人間は、創造主なる父なる神、救い主なる子なるキリスト、慰め主なる聖霊の三位一体の神のもとで真の平安を与えられる（アウグスティヌス『告白』）。

それを模倣するかのように、竜・獣・にせ預言者は悪魔的三位一体を形成し、地上で偽りの礼拝を強要し、にせの平安を与える共同体を形成する。

獣の国の民は「獣」の刻印を押され、「獣」の礼拝によって一つとされるので、その国には強い帰属意識、きわめて居心地の良い一体感が存在する。「竜」・悪魔は地上において強い宗教性を持つ「国家」を造り出し、その擬似的な三位一体によって満足を与え、そこに属して安心を得るよう人々を誘惑する。

今世紀に急速に普及したスマホ、ＳＮＳによって緊密に結ばれた共同体は、その結束を強化していく。ＳＮＳで最も急速に伝播するのは、憎しみを煽る情報である。それは他人に、また他国に向けられる。ネット上では、事実に基づく誠実な提言よりは、怒りや憎しみをかき立てるような扇情的な書き込みに注目が集まり、それが広がっている。異質な者への攻撃、排除が「社会正義」と錯覚され、個人情報がネットで晒されている。情報の洪水が、精神を不安定化させ、欺瞞の共同体は、憎悪の共同体となっている。

多様な意見に耳を傾け真剣な討論を重ねるよりは、アルゴリズムによって同じ考えを持つ者たちの閉塞空間が作り出され、偏った情報が増幅されていく。

戦争プロパガンダ

戦争の遂行のためには敵国への強い憎悪が必要である。にせ預言者は巧みに人心を操り、自国は善、敵国は悪という単純な二項対立を強調して、憎しみを強化し国家の正義を喧伝する。戦争においては欺瞞が正当化される。国家的な嘘も、戦争遂行のため戦意高揚のためと強弁される。私たちは圧制からの「解放」、「自由」、「正義」、「民主主義」などさまざまな大義名分のもとに行われる戦争の欺瞞を見抜かねばならない。

Ａ・モレリは、国家が戦争という目的のために用いる欺瞞的な方法を指摘している。

「第一法則、我々は戦争をしたくない。
第二法則、しかし敵側が一方的に戦争を望んだ。
第三法則、敵の指導者は悪魔のような人物だ。
第四法則、我々は領土や覇権のためではなく、偉大な使命のために戦う」
（『戦争プロパガンダ10の法則』草思社、二〇〇二年）

国家は戦争において国民の意思の統一を求め、自らへの忠誠を強要し反対意見を封殺する。巧みな情報操作によってプロパガンダが反復され、「世論」が形成されていく。

監視

憎悪の共同体は戦争に勝利することで一体感を強め、高揚させ、戦争共同体となり、さらに指導者を賛美、神格化する礼拝共同体へと変質していく。戦争は人の生命を要求する。それゆえ戦争遂行のために、国家のために生命を捨てる礼拝共同体が必要となる。

この共同体においては指導者が絶対的な力を持つようになり、強固な監視システムによって異論は封殺される。

インターネット上のあらゆる情報はビッグデータとして記録されている。二〇一三年、スノーデンは衝撃的な事実を明らかにした。プリズムという全世界のインターネットユーザーに対する無差別監視システムが存在し、アメリカのＮＳＡ（国家安全保障局）によって一元的に管理されているという。

電子決済システム、監視カメラ、顔認証システム、スマホのＧＰＳ位置情報によって、個人の行動は詳細に把握されている。さらに個人の「全ゲノム解析」が安価かつ短時間でできるようになり、個人の識別は精密化している。

国家による情報の管理に強く抵抗する人もいるが、進んで個人情報を差し出す人も少なくない。テロや疫病など大きな危機に直面すると、私たちは自由よりはむしろ隷従を選び、国家の管理に安心感を覚える。

統一教会

統一教会と政治との強い癒着が二〇二二年の銃撃事件によって明らかにされた。一九五四年、文鮮明によって設立されたこの団体は、巧みな戦略によって政治の世界に深く食い込み、自民党や米共和党などと深く結びついてきた。そして霊感商法などによって多額の献金を集め、合同結婚式などによって多くの人々の生活を破壊してきた。今もこの問題は継続中だが、このようなにせの宗教がこれほど広く現代世界に広がっていることこそ、終末のしるしではないだろうか。

さらにもう一つの深刻な問題がある。国家神道の復権である。

国家神道の復権

一九四五年、アジア太平洋戦争に敗北し、戦争放棄を宣言する平和憲法とともに戦後は始まった。それから七十余年、時代は大きく変化しつつあり、国家神道の復権を目指す改憲の動きが強まっている。

このような神道復権の運動に大きな影響を与えてきたのは、一九六九年に創設された神道政治連盟である。それは、神社本庁の政治団体であり、国家神道の興隆をめざしている。この団体の目的は二つある。

「一　神道の精神を以て、日本国国政の基礎を確立せんことを期す。
二　神意を報じて経済繁栄、社会公共福祉の発展をはかり、安国の建設を期す」

一九六九年に十九人で始まったこの会の会員は、二〇一八年には国会議員は三百四人（四二%）、地方議員は千八百人（二〇一六年）であり、会長は安倍首相だった。二〇一八年、第四次安倍内閣の大臣二十人のうち十九人がこの会員だった（公明以外は全員）。

これまでこの会の働きによって実現したのは一九六六年の「建国記念の日」の制定、一九七九年の元号法制化、一九九九年の国旗国歌法などである。

改憲草案

二〇一二年に自民党の憲法改正草案が発表された。

「一条　天皇は、日本国の元首である。

二十条　信教の自由
三　国及び地方自治体その他の公共団体は、特定の宗教のための教育その他の宗教的活動をしてはならない。ただし、『社会的儀礼又は習俗的行為』の範囲を超えないものについては、この限りではない」

国家神道を宗教ではなく社会的儀礼とするなら、日本人としての義務として礼拝を強要することができる。これは信教の自由の実質的な否定であり、戦前の明治憲法への回帰である。この憲法下において一八九一年（明治二四年）内村鑑三の不敬事件、一九四二年にホーリネス教団の弾圧事件が起こった。

注意すべきことに、ホーリネス弾圧の二十四年前には信教の自由があった。一九一八年には、キリストの再臨信仰を喧伝する講演会が全国的に展開された。内村鑑三と中田重治らによる「再臨運動」である。

短期間でなぜこのような大きな変化が起こったのか。二つの戦争が勃発したからである。一九三一年の対中戦争（満州事変）、一九四一年の対米戦争（真珠湾攻撃）である。戦時下では異論は封じられ弾圧は強化される。私たちは再び厳しい時代を迎えつつある。

真理の証人、フォン・ガーレン司教

困難な状況の中で、私たちはどのようにして真理の証言を続けることができるのだろうか。ドイツではヒトラーとナチスの支配が強まりつつある中、屈することなく声を上げた人々がいた。その一人はフォン・ガーレン司教である。

ヒトラーは優生思想に基づき一九三九年九月、障碍者安楽死命令を発令した。「T４作戦」と呼ばれる。「障碍者は生きているだけで金ばかりかかる価値のない存在である」、「障碍者を支えるための国の負担は、国の財政を圧迫する」といったプロパガンダが、ナチス政権によって広められていた。

多くの人が見て見ぬ振りをする中で、二年後の一九四一年夏、初めて公然と反対の声をあげたのはミュンスターの司教フォン・ガーレンだった。彼は教会での説教の中で、「いま障碍者に行われているのは『恵みの死』ではなく、単なる殺人だ」と宣言した。

「貧しい人、病人、非生産的な人、いてあたりまえだ。
私たちは、他者から生産的であると認められたときだけ、生きる権利があるというのか。
非生産的な市民を殺してもいいという原則ができ、実行されるなら、我々が老いて弱ったとき、我々も殺されるだろう。
非生産的な市民を殺してもよいとするなら、
いま弱者として標的にされている精神病者だけでなく、
非生産的な人、病人、傷病兵、仕事で体が不自由になった人すべて、
老いて弱ったときの私たちすべてを、殺すことが許されるだろう」

その説教原稿は書写され、全国のキリスト教団体に、そして市民へと広まった。司教の説教から二十日後に、ヒトラーは命令を中止した。勇気ある証言は、時代の流れを変えることができる。[3]

バルメン宣言

ドイツではヒトラーが教会に対し総統への忠誠を命じ、「ドイツ的キリスト者」となることを求めた。しかしバルトらは一九三四年「バルメン宣言」を公にし、神ならぬ者を神としないと宣言し、ドイツ告白教会を設立した。彼らはヒトラー政権の本質的な問題点を見抜き、集団として公然と不服従を宣言した。

このようにドイツの教会は戦ったが、それに匹敵する抵抗運動が、戦争中の日本で起こらな

かったことは残念である。私たちはかつての過ちを繰り返すことなく、鋭い洞察力を持って真偽を識別し、真理の証人としての使命を全うしたい。

福音の世界宣教

終末の苦難の時代は暗いことばかり起こるネガティブな時代ではなく、全世界に福音の光が広がっていくポジティブな時でもある。苦難の中でも死をも恐れず語る人々によって、福音は全世界に宣べ伝えられていく。

注目すべきことに、終末のしるしの中に全世界宣教がある。

「御国のこの福音は全世界に宣べ伝えられて、すべての民族に証しされ、それから終わりが来ます」（マタイ24・14）

歴史の最終的な段階において「獣」「にせ預言者」「大バビロン」によって悪が勝利したかのように見える時代、終末的苦難の時代がある。しかしその中でも福音は力強く全世界に宣教される。

「毒麦」の繁茂と共に、「麦」も力強く生長している。神の国が闇の力に屈することはない。

エルサレムから始まった福音宣教は、ユダヤ、サマリア、そして地の果てにまで広がっている。私たちもまたこの全世界宣教に遣わされている。イエスは弟子たちに言われた。

「父がわたしを遣わされたように、わたしもあなたがたを遣わします」（ヨハネ20・21）

聖霊によって私たちは「地の果て」まで、キリストの証人として遣わされていく。

「聖霊があなたがたの上に臨むとき、あなたがたは力を受けます。そして、エルサレム、ユダヤとサマリアの全土、さらに地の果てまで、わたしの証人となります」（使徒１・８）

十九、二十世紀に始められた中国宣教や聖書翻訳の働きは、今も続けられ、実を結びつつある。一八六五年、ハドソン・テーラーによって始められた中国奥地宣教は、一九四九年の共産主義革命、中華人民共和国の成立時には、カトリック三百万人、プロテスタント七十万人だった。一九六六年の文化大革命の苦難を経て、二〇一五年には宣教百五十周年を記念したが、キリスト者は一億人を超え、共産党員よりも多いと言われている（人口十四億）。

また一九三四年に始められた「ウィクリフ聖書翻訳協会」によって翻訳が進められ、世界八十億人の内、旧新約聖書が母語に訳された人々は六十五億人に及ぶ。世界で七千の言語があるが、旧約新約の翻訳が終わっているのは三千、翻訳中は二千、手つかずは二千である。全民族への宣教、聖書翻訳の完成の日も近づいている。

世界宣教の約束が与えられてから二千年、福音は文字通り全世界のあらゆる民族に宣べ伝えられている。困難の中でも、約束のとおり世界宣教は続いていく。そしてキリストの来臨によって完成する。

それゆえ黙示録は希望の書である。

第8章　新しいエルサレムの勝利

第1節　富の礼拝

獣と大バビロン

「獣」と「にせ預言者」が暴力と欺瞞によって地上を支配するとき、「大バビロン」が富と強欲によって人々を誘惑する。「竜」（12章）、「獣」（13章）「にせ預言者」（13章）、に続いて、獣の国の第四の幻「大バビロン」が17章で登場する。

「大バビロン」は「紫と緋の衣」を着て「金、宝石、真珠」で身を飾り、「獣」の背に乗っている（黙17・3、4）。

「女が緋色の獣に座すのを見た。その獣は神を冒瀆する名で満ちており、七つの頭と十本の角を持っている。女は紫と緋の衣を着て金、宝石、真珠で飾り、手に金の杯を持っていた。その杯は忌むべきものや自分の淫行の汚れで満ちていた。その額には名が書かれていた。秘義、『大バビロン、淫婦と地の忌むべきものとの母』」（黙17・3〜5）

大淫婦

「大バビロン」は富に溺れ、倫理は崩壊し道徳的にも堕落している。それゆえ彼女は「大淫婦」と呼ばれる（黙17・5）。「大バビロン」はその富と繁栄によって人々を惑わし、退廃と破滅へと誘い込む（黙18・3）。

「彼女の淫行に対する怒りのぶどう酒を、すべての国民（くにたみ）が飲み、地の王たちは彼女と淫行を行い、地の商人たちは彼女の贅沢（好色、ストゥレーノス）な力によって富を得る」（黙18・3）

物欲

「大バビロン」の幻が象徴しているのは、一世紀のローマ帝国の経済的支配また倫理的堕落であり、また地上のすべての物質的な富と享楽、その結果としての道徳的退廃である。さらには私たちの内に潜む自己中心的な物欲と肉欲である。

神は私たちの祈りに応えてすべての必要を満たされる。しかし与えられたものに執着すると、歪んだ欲望の虜となることがある。「金銭を愛する」ことが「あらゆる悪の根」（Ⅰテモテ6・10）である。

パウロは書く。

「金持ちになりたがる人たちは、誘惑と罠と、また人を滅びと破滅に沈める、愚かで有害な多くの欲望に陥ります。金銭を愛することが、あらゆる悪の根だからです。ある人たちは金銭を追い求めたために、信仰から迷い出て、多くの苦痛で自分を刺し貫きました」（Ⅰテモテ6・9、10）
「満ち足りる心を伴う敬虔こそが、大きな利益を得る道です。私たちは、何もこの世に持って来なかったし、また、何かを持って出ることもできません」（同6、7節）

朽ち果てる「富」に頼ることは愚かである（ヤコブ5・2）。「肉の欲、目の欲、暮らし向きの自慢」は、この世から出たものであり、滅び去る（Ⅰヨハネ2・16、17）。

イエスは語った。

「人は、たとえ全世界を手に入れても、自分のいのちを失ったら何の益があるでしょうか。そのいのちを買い戻すのに、人は何を差し出せばよいのでしょうか」（マタイ16・26）

富の礼拝

金銭に執着すると富の獲得が人生の目標となり、富が神となり礼拝の対象となる。イエスは言われた。

「だれも二人の主人に仕えることはできません。一方を憎んで他方を愛することになるか、一方を重んじて他方を軽んじることになります。あなたがたは神と富とに仕えることはできません」（マタイ6・24）

「富」が礼拝されるなら人間の欲望が神となる。人は神と富の「二人の主人」に仕えることはできない。真に価値あるものは何か、礼拝されるべき方は誰か。黙示録は私たちに問いかけている。

貪欲

神が無限であるように欲望も無限であり、拝金主義に終わりはない。「貪欲」は「偶像礼拝」となる（コロサイ３・５）。パウロは警告する。

「地にあるからだの部分、すなわち、淫らな行い、汚れ、情欲、悪い欲、そして貪欲を殺してしまいなさい。貪欲は偶像礼拝です」（コロサイ３・５）

「大バビロン」による欲望の礼拝、獣とにせ預言者による力の礼拝、地上に広がる偽りの礼拝の本質を見抜かねばならない。

ラオデキヤ教会

神の教会であっても「大バビロン」の誘惑に陥ることがある。私たちはこの世の富と安楽に埋没し、目が閉ざされてしまうことがある。ラオデキヤの教会は叱責された。

「あなたは、自分は富んでいる、豊かになった、何も必要なものはないと言っている。しかしあなたは知らない。実はあなたは惨めで、哀れで、貧しく、盲目で、裸であることを」（黙３・17）

模倣の国

獣の国は神の国を模倣する。獣の国は個々それぞれに神の国を模倣するが、それだけでなくその関係も模倣する（筆者は博士論文においてこの黙示録の構造を分析した）。

天の礼拝　　証言	地の礼拝　　奇跡
①神＝②小羊＝③聖霊（二人の証人） ≡結婚　　聖三位一体 ④新しいエルサレム	①竜＝②獣＝③にせ預言者 ≡背に乗る　　悪の三位一体 ④大バビロン

「小羊の王国」では、②「小羊」を中心に四者が永遠に結ばれているが、「獣の国」においては、②「獣」を中心とした四者が一時的に結ばれている。神と「小羊」は一体であり、天で礼拝されているが、

「竜」と「獣」は一体であり、地で礼拝される。

「二人の証人」（黙11章）は人々を神と「小羊」の礼拝へと導くが、二匹の獣（海の獣、地の獣）は人々を惑わし、「竜」と「獣」を礼拝させる。

「新しいエルサレム」は、聖なる三位一体（神、小羊、二人の証人）の都であるが、「大バビロン」は悪の三位一体（竜、獣、にせ預言者）の都である。

「獣」は「大バビロン」をその背に乗せ、両者は一体のように見えるが、「獣」は「大バビロン」を憎み殺す。

しかし「小羊」キリストは「新しいエルサレム」（神の民）と結婚し、永遠に一体となる。

地上の闇の国は、天の光の国を稚拙に模倣する（パロディ）。私たちはその欺瞞を見抜かねばならない。

第２節　大バビロンと現代

大バビロンの巨大さ

「大バビロン」の幻は現代世界に何を意味しているのだろうか。この幻では、奢れる都の「巨大さ」を強調する形容詞「メガス」が16～19章で十二回使われている。この終末的な都は「大」淫婦（17・1、19・2）、「大」バビロン（16・19、17・5、18・2）であり、地上の王たちを支配する「大きな」都（16・19、17・18、18・10、16、18、19、21）である。「巨大」なものが「力」によって地を支配する。

それは経済の世界で顕著である。未曾有の規模で巨大化している経済的な力は、暴力的に現代世界を支配しつつある。

貧富の格差

今世紀になって、富の集中、貧富の格差の増大が急速に進みつつある。巨大企業は新興企業を買収し、ますます巨大化し支配力を強めている。

巨大企業は国境を越えて活動し、莫大な富を巧みに隠蔽する。二〇一六年のパナマ文書、二〇一八年のパラダイス文書、二〇二一年のパンドラ文書の流出によって、「タックスヘイブン」（租税回避地）における巨額脱税の実態が明らかにされつつある。

多額の脱税によって国家予算は縮小し、貧困化した家庭や厳しい状況の中小企業を救うための予算、教育や医療など生活に不可欠な分野の予算が削減されている。

商品化

「大バビロン」の欲望は無限に拡大し、あらゆるもの、自然、生物、そして人間さえも商品化し、利益を得るために収奪する。大バビロンの貪欲は売買のリストに現れているが、その最後は人間である。

「商品とは、金、銀……家畜、羊、馬、車、奴隷、また人間の魂である」（黙18・12、13）

現代では労働において、人間が人格としてではなくモノとして扱われている。利潤を求めて企業は限界を超えた苛酷な労働を要求する。非正規社員の急増は二十一世紀に顕著である。それによって労働者は疲弊し使い潰されている。

気候危機

大バビロンの強欲によって、目先の利益のために自然が破壊され、温暖化による気候危機が深刻化している。この危機に対して二〇一五年には二〇三〇アジェンダが国連サミットで採択され、二〇三〇年までに温室効果ガス半減、二〇五〇年までにゼロにすることが世界共通の目標となっている。大量生産、大量消費、大量廃棄、欲望を刺激し消費によって欲求を満足させるような生き方を変え、リサイクルによる堅実な生き方、新しいライフ・スタイル、生活様式の確立が提唱されている。

しかし世界各地の森林火災の多くは手がつけられない状況である。熱中症で多くの人が亡くなり、海水温の異常な上昇によってスーパー台風による被害が拡大している。二〇二三年六月、カナダで起こった大規模な森林火災によって大気汚染が深刻化し、ニューヨークの空がオレンジ色に変わった。気候対策の限界点は二〇三〇年と言われているが、目標の達成は困難である。山岳氷河、北極や南極の氷河は融解し、海水面は上昇し、海水温の上昇から巨大台風、洪水が頻発している。それに伴う食糧難、飢饉によって、多くの人々が飢えに苦しんでいる。さらに海洋汚染は深刻であり、マイクロ・プラスチックが生態系に大きな影響を与えている。人類はかつてない厳しい状況に直面している。

軍需産業

現代社会を超巨大資本が席巻しつつあるが、その中でも別格的に巨大なのは軍需産業である。「大バビロン」は「獣」に乗っている（黙17・3）。これは物欲と支配欲の結合を示すと共に、国家における軍事力と経済力との結びつきを示している。ローマは強大な軍事力によって周辺諸国を征服し、莫大な富を得た。軍事力による暴力的支配によって、経済的利権が獲得される。戦争をビジネスとして莫大な利益を上げる軍需産業が、国家の中枢部と深く結びつき、国防費として資金を得て巨大化し続けている。国連の常任理事国は、米・露・中・仏・英だが、武器輸出の上位五か国は、米・仏・露・伊・中である（二〇二一年）。

兵器が製造され続ける限り、消費地としての戦場が不可欠である。戦場は在庫の「商品」である兵器が消費される「市場」であり、新兵器の性能を示す「見本市」でもある。そして多くの尊い生命が失われてゆく。

戦争は圧制からの「解放」「自由」と「民主主義」などさまざまな大義名分のもとに行われる。しかしその実態は他国への支配欲、領土欲であり、また経済的な利権獲得という物欲である。

ヤコブは言う。

「あなたがたの間の戦いや争いは、どこから出て来るのでしょうか。ここから、すなわち、あなたがたのからだの中で戦う欲望から出て来るのではありませんか。あなたがたは、欲しても自分のものにならないと、人殺しをします。熱望しても手に入れることが

できないと、争ったり戦ったりします」（ヤコブ４・１、２）

終末の世界帝国

黙示録は軍事、情報、経済の一体性を幻によって描く。「獣」（軍事力）を礼拝させる「にせ預言者」（情報力・黙13章）、また「獣」の上に乗った「大バビロン」（経済力・黙17章）である。

黙示録はやがて「獣」が全世界を支配し、あたかも闇の力が全地を覆い尽くすかのような時代がやってくると預言している（黙13・７）。「獣」は「すべての部族、民族、言語、国民に対する権威」を与えられる（同節）。

これはイエスの預言した「大きな苦難」の時代に起こる。イエスは言われた。

「そのときには、世の始まりから今に至るまでなかったような、また今後も決してないような、大きな苦難があるからです」（マタイ24・21）

陰謀論

世界の歴史はかつてない新しい局面を迎え、その最終的な段階に達しつつある。

第2部「希望の戦い」では、地上における暗黒の力、竜、獣、にせ預言者、大バビロンとの戦いがどのようなものであるのかを見た。「大きな苦難」の時代（患難期）において、これらの悪の帝国との最終的な戦いが行われる。

暗黒の力が世界を支配しつつあるというと、陰謀論のように思える。しかしそうではない。現在広まりつつあるさまざまな陰謀論と黙示録とは、全く異なっている。

一般の陰謀論の場合、その根拠は事実ではないデマや噂である。しかし黙示録の場合、その洞察は、軍事、政治、情報、経済などの現代の最新の専門的な知見と一致している。私たちは黙示録によって、各分野の鋭い指摘、分析結果を総合的に理解し、個別の優れた洞察をより大きな視点から統合し、人類の未来についての展望を示すことができる。

この再臨直前の大きな苦難の時は特別な時代である。それゆえ善悪を鋭く識別し、巧妙な欺瞞を見抜き、惑わされることなく、目を覚まし戦いに勝利しなければならない。困難な戦いではあるが、最終的に暗闇の帝国は打ち破られ、消え去る。

短い時

暗黒の帝国が地を支配するのは、ごく「短い時」であり、やがて壊滅する。これは新しい天と地が生まれるための「産みの苦しみ」である。どんなに闇の力が強く見えても、最終的に光の国が勝利する。

小羊の非暴力、二人の証人の証言、新しいエルサレムの栄光によって私たちは勝利し、永遠の真理と正義が明らかにされる。その約束を信じて、私たちは屈することなく、最後まで戦い抜くことができる。

第３節　新しいエルサレムの栄光

獣の国の退場

終末の時代、あたかも地は「竜」「獣」「にせ預言者」「大バビロン」に支配されたかのように見える。地上では、「獣」の偽りの王権を「にせ預言者」の欺きの祭司権が支え、「大バビロン」の虚飾の富が人々を惑わす。しかしキリストの来臨によって彼らは退場する。地上を支配する悪の力は、最終的にキリストの軍勢によって打ち破られる（第12章「ハルマゲドン」参照）。獣の国は滅ぼされ、すべての悪・不正は消え去り、万物が新しくされる。

黙示録12～20章では「獣の国」の出現と消滅が描かれている。すでに見た四つの幻の登場と退場（滅亡）とは、17、18章を中心として対称的になっている（ＡＢＣＣＢＡは交差対句法と呼ばれ、黙示録に多くある）。

①竜の登場（12章）
　②獣と③にせ預言者の登場（13章）
　　④大バビロンの登場（17章）
　　④大バビロンの退場（18章）
　②獣と③にせ預言者の退場（19章）（ハルマゲドンの戦い）
①竜の退場（20章）（ゴグ・マゴグの戦い）

大バビロンの倒壊

キリストの来臨によって「竜」「獣」「にせ預言者」が滅ぼされ、「大バビロン」も共に倒れる（黙18・2）。御使いは叫ぶ。

「倒れた。倒れた。大バビロン。それは悪霊の棲み家、あらゆる汚れた霊の巣窟、あらゆる汚れた鳥の巣窟、あらゆる汚れた憎むべき獣の巣窟となった」（黙18・2）

大バビロンは獣の背に乗り、両者は一体であるかのように見えたが（黙17・3）、獣は大バビロンを憎み、内部崩壊し滅亡する（黙17・16）。御使いはヨハネに告げる。

「あなたが見た十本の角と獣とは淫婦を憎み、彼女を荒廃させ、裸にし、その肉を食い、彼女を火で焼き尽くすであろう」（黙17・16）

「大バビロン」はその巨富によって「自らに栄光を与え」（黙18・7）、王や商人たちを富ませたが、その高ぶり、淫行と堕落のゆえに裁かれる。あらゆる「華やかな物、きらびやかな物」（黙18・14）はその輝きを失い、虚飾の都は滅亡する。

これは一世紀のローマ帝国の崩壊を預言しているとともに、現代までのさまざまな巨大帝国の滅亡、さらには終末の時代の暗黒の世界帝国の倒壊を示している。

真の富

私たちは地上における「竜」「獣」「にせ預言者」「大バビロン」との戦いに勝利し、父なる神の国、天のエルサレム、永遠の都を相続する。キリストの来臨によって欲望の都は倒れ、つかの間の富や快楽は消え失せ、永遠の栄光、朽ちない宝が現される。真の富は虚栄の都市「大バビロン」ではなく、永遠の都「新しいエルサレム」にある。「大バビロン」大淫婦は「紫と緋の衣」を着、「金、宝石、真珠」とで身を飾っている（黙17・4）。彼女を「飾る」「金」は華やかな光を放つが、それは表面だけのメッキ（「飾る」の原意）でしかない。

それに対し天のエルサレムは聖なる「花嫁」であり、「輝く聖い麻布」（黙19・8）を着ている。都は「純粋な、透き通ったガラスのような純金」（21・18、21）でできている。

宝石の都

天の都では青、緑、赤、黄、紫などさまざまな色の宝石が、神の栄光を映して輝いている。

「都の城壁の土台石はあらゆる宝石で飾られている。第一の土台石は碧玉、第二はサファイヤ、第三はめのう、第四はエメラルド、第五は赤縞めのう、第六は赤めのう、第七は貴かんらん石、第八は緑柱石、第九はトパーズ、第十はひすい、第十一は青玉、第十二は紫水晶であった」（黙21・19、20）

都の「城壁」は「碧玉」であり、「十二の門」はそれぞれが一つの巨大な「真珠」である。

「十二の門は十二の真珠であり、どの門もそれぞれ一つの真珠からできていた。都の大通りは純金であり、透き通ったガラスのようであった」（黙21・21）

真珠の門を通って「都」の中に入ると、そこには純金の「大通り」が、まっすぐに続いている。「都」は、「大通り」のみならずその全体が透き通ったガラスのような「純金」であり（黙21・18）、その全体が「神の栄光」に輝いている（黙21・11）。

このような栄光の都に私たちは招き入れられる。そこで私たちは神の栄光の光を反映し、宝石のように輝く（出エジプト28・17～21、イザヤ60・1～3）。

「その日、彼らの神、**主**は、
彼らをご自分の民の群れとして救われる。
まことに、王冠の宝石がその地できらめく。
なんという主のいつくしみ。
なんという主の麗しさ」（ゼカリヤ9・16、17）

そのとき存在するものすべてが、神の恵みの光に包まれる。

清貧

キリストは、天の富を捨て地に来られ、貧しい者となり、私たちに本当の富とは何かを示した。「主は富んでおられたのに……貧しくなられ」た。それは「キリストの貧しさによって富む者となるため」である（Ⅱコリント８・９）。

貧しい人と共に

富が栄光としてたたえられる時代には、貧しい者となることを恐れてはならない。巨大な者が競争に勝ち抜いて圧倒的な力で支配を強めるとき、小さな者はその暴虐によってうめき苦しむ。

富の二極化、社会の分断化が進む現代社会において、私たちは常に貧しい人、虐げられた人びとと共に生きていく。

中村哲

現代において貧しい人々と共に生き、独自の道を開き実行したのは、アフガニスタンで労した中村哲である。彼は一九八四年にはパキスタンでハンセン病を中心とした医療活動をしていたが、アフガニスタンへと拠点を移した。そこで中村は汚水がさまざまな病の原因であることに気づき、クナール川の水を引く用水路の建設を始めた。

無謀な挑戦のように見えたが、二〇一〇年に完成させ、十万人が農業に従事できる基盤を造った。二〇一九年、銃弾に倒れたが、その時には一・六万ヘクタール、六十五万人が暮らすことのできる緑の大地が生まれ、その活動は現地の人々に引き継がれている。

小さく見える働きも、忠実に取り組めば大きな実を結ぶ。

法的規制

私たちはただキリストの来臨を待ち望むだけではない。私たちは屈することなく、希望を持って、この地上で正義の実現のために力を尽くす。それは苦難の道だが、必ず勝利に終わる道でもある。

「獣」の暴力に対しては、さまざまな平和のための取り組みがなされている。特に二〇二〇年

「核兵器廃絶法案」が五十か国の批准によって発効し、核の開発、保有、使用のすべてが非人道的な行為として糾弾されている。

また「にせ預言者」の欺きに対しては、フェイクニュースや陰謀論、ヘイトスピーチなど有害な情報を除去する地道な努力が続けられている。またGAFAMが個人情報を利用して、巨額の広告収入を得ている点についても、規制案が具体化しつつある。

「大バビロン」の暴走に対しても、法律によって歯止めをかけようとしている。独占禁止法によって巨大資本の市場支配を規制し、累進課税によって富裕層の富を公平に分配し、労働者の権利を守るための法案によって苛酷な労働を抑制する。国境を越えた巨大資本の脱税を阻止するために、国際協力が進められている。

巨大資本による工業化された農業によって、大量の農薬や化学肥料の使用が広がっている。それに対し地域共同体による地産地消の農業、有機農業による循環型の社会が提唱されている。

キリストの富

朽ちない永遠の富と宝はキリストにある。

「キリストのうちに、知恵と知識の宝がすべて隠されています」（コロサイ2・3）

私たちは地上の虚飾の富に目を奪われることなく、キリストの貧しさにあずかり、「キリストの測り知れない富」（エペソ３・８）を宣べ伝えていく。

終わりの時代、欲望と欺瞞の世界において、私たちは清貧と真実、平和の道を歩んで勝利する。「新しいエルサレム」の幻はそのための力を私たちに与える。

それゆえ黙示録は希望の書である。

第3部　希望の完成

第９章　キリストの再臨

第１節　花婿と花嫁

終末の時代、あたかも地は「竜」「獣」「にせ預言者」「大バビロン」に支配されたかのように見える。「竜」は「この世の神」（Ⅱコリント４・４）、「この世を支配する者」（ヨハネ12・31）として力をふるう。地上では「獣」の偽りの王権を「にせ預言者」の欺きの祭司権が支え、「大バビロン」の虚飾の富が人々を惑わす。

しかしやがてキリストが天から来て、不義、不正、悪、汚れに満ちた獣の国を打ち倒し苦難の時代は終わる。

４～５章の天の礼拝から始まった黙示録の幻は、６～18章の地上の悪への裁きを経て、19～

22章の幻においてその頂点に達する。キリストの来臨こそが黙示録の希望の核心である。来臨のキリストと教会は三つの幻で描かれる。

①結婚のための花婿と花嫁　19・５〜10
②戦いのための総指揮官と戦士　19・11〜21
③支配のための王と臣下　20・１〜10

喜び踊る

再臨に関わる19〜20章の四つの幻の最初は、花婿と花嫁の結婚であり、その喜びこそがキリスト教終末論の核心である。小羊キリストは花婿として来臨し、花嫁の敵をハルマゲドンの戦いで打ち砕いた後に、花嫁なる教会を迎える。それゆえ神の民は終末において「喜び躍る」（アガリアオー、マタイ５・12、詩篇97・１、イザヤ61・10）。

「私たちは喜び躍り、神に栄光を帰そう。
小羊の婚礼の時が来て、彼の妻は用意ができたのだから」（黙19・７）

神とイスラエル

神はイスラエルを選び、妻とされた（エレミヤ2・2、エゼキエル16・8）。しかし民は夫である神を捨て、他国の神々を拝んだ。神は背信の民をなお愛し続け「おとめイスラエル」と呼び、悔い改めを求め（エレミヤ3・14、31・3〜6）、崩れた関係を回復することを約束される（イザヤ54・5〜8、61・10、62・1〜5、ホセア2・16〜3・5）。

その回復はキリストによってなされる。

キリストによる回復

キリストは地に来て、十字架の死によって血による新しい契約を結び、信じる者を救い出した（マタイ26・27、28）。

私たちは今、この新しい契約、新約の世界に生きている。契約はすでに成立している。すなわち現在は婚約の時であり、私たちは許嫁（いいなずけ）である。キリストは天におられ、私たちは地で生きている。それゆえ私たちは、結婚の日までさまざまな誘惑と攻撃を受ける。

キリストは教会を妻として愛し、キリストの民は聖なる花嫁として「しみや、しわや、そのようなものが何一つない、聖なるもの、傷のないものとなった栄光の教会」（エペソ5・27）として、御前に立つ（同25〜27節）。

教会は「おとめ」として、花婿なるキリストをともしびの油を備えつつ来臨の日まで待ち続ける（マタイ９・15、22・２〜14、25・１〜13、ヨハネ３・29）。

花婿の来臨

やがてキリストは約束のとおり天から来て、地上の闇の力を打ち砕き、小羊の民を救い出す。花婿は約束のとおり天から来て、花嫁の敵を滅ぼす。婚約の期間は終わり、歓びの婚宴が行われる。

それゆえキリスト教終末論には歓喜と希望が満ちている。私たちは小羊キリストの花嫁とされ、天のエルサレムへの入城を許される。そこには大バビロンの虚栄の富とは全く異なる永遠の栄光が満ちている。

第２節　ハルマゲドンの戦い

キリストは「白い馬」に乗って天から降り（黙19・11〜16）、「獣」とその軍勢を打ち破る（黙19・19〜21）。ハルマゲドンの戦いである。そのとき偽りの王座は覆（くつがえ）され、真の王権が明らかにされる。地上でどのように獣が権力をふるおうとも、「小羊」キリストこそが「主の主、王の王」（黙17・14、19・16）である。その主権は揺らぐことはない。

天の軍勢

この戦いについてさまざまな誤解がある。まずこの戦いは地上の国々の間で行われる世界大戦ではない。地の軍勢と「天の軍勢」（黙19・14）との戦いである。地上の「獣」と王たちの軍勢は、天のキリストの軍勢によって滅ぼされる。

「私は天が開かれているのを見た。見よ。白い馬がいる。それに座す方は『忠実また真実』と呼ばれ、義をもって裁き戦われる。その目は火の炎であり、その頭には多くの王冠があった。……その方の着ている衣は血に染まっており、その名は『神の言葉』と呼ばれる。天の軍勢は白い馬に乗り、この方に従った。彼らは白く清い麻布を着ていた」（黙19・11〜14）

口の剣

ハルマゲドンの戦いの武器はキリストの口の「鋭い剣」（黙19・15）である。この剣は「御口の息」（Ⅱテサロニケ２・８）とも呼ばれ、神の言葉を示している。

パウロは言う。

「その時になると、不法の者が現れますが、主イエスは彼を御口の息をもって殺し、来臨の輝きをもって滅ぼされます」（Ⅱテサロニケ２・８）

あらゆる武力、軍事力を超えた「神のことば」がすべての悪を滅ぼし、最終的な勝利をもたらす。世界は神の言葉によって造られた。世界の悪は神の言葉によって消え去る。私たちは「御霊の剣、すなわち神のことば」（エペソ６・17）によって勝利する。

正義と平和

この戦いの目的は世界の破壊ではなく、その根源的な変革である。この戦いによって地上のすべての悪と汚れ、不義と不正が消え去り、神の義と平和の世界が実現する。

真の平和は正義によってもたらされる。

「義が平和をつくり出し、

義がとこしえの平穏と安心をもたらすとき、
私の民は、平和な住まい、
安全な家、安らかな憩いの場に住む」（イザヤ32・17、18）

キリストの平和

キリストの来臨によって、私たちは新しい復活の体に変えられ、憎しみは消え去り、キリストの平和に満たされる。内なる平安が外なる平和となり全地に満ちる。そのときすべての争い、戦いは終わり、贖い聖められた諸国の間に真の平和が実現する。

「彼らはその剣を鋤に、
その槍を鎌に打ち直す。
国は国に向かって剣を上げず、
もう戦うことを学ばない」（イザヤ２・４）

究極の平和がキリストの来臨によって地上に実現する。平和の君キリストによって真の平和が実現する。内村鑑三は言う。

「彼（キリスト）は平和を各自の心に注ぎ、争闘をその源において絶ち給ふ、彼のみ真の平和主義者である」（『世界の平和はいかにして来るか』一九一一年）

エジプトとアッシリア

敵対していた国々でさえ贖われ、神から祝福を受ける。

「その日、エジプトからアッシリアへの大路ができ、
アッシリア人はエジプトに、
エジプト人はアッシリアに行き、エジプト人はアッシリア人とともに主に仕える。
その日、イスラエルはエジプトとアッシリアと並ぶ第三のものとなり、
大地の真ん中で祝福を受ける。万軍の**主**は祝福して言われる。
『わたしの民エジプト、わたしの手で造ったアッシリア、
わたしのゆずりの民イスラエルに祝福があるように』」（イザヤ19・23～25）

永遠の平和

天では永遠の平和がすでに実現している。すべての隔ての壁が取り除かれ、諸国の民は国籍や人種、言語を超えて一つとされ、栄光の神をほめたたえている。

「見よ。誰にも数えきれないほどの大群衆がいた。
彼らはすべての国民、部族、民族、言語から成り、御座の前、小羊の前に立っている。
彼らは白い衣を着、しゅろの枝を手にしている。
彼らは大声で叫んで言う。
『救いは御座に座す私たちの神と小羊とにある』」（黙７・９、10）

この天の平和が、全地の平和となる。

キング牧師

銃弾に倒れたキング牧師の墓碑には、預言者アモスの言葉が刻まれている。

「公正を水のように、
義を、絶えず流れる谷川のように、流れさせよ」（アモス5・24）

すべての悪が打ち砕かれ、永遠の正義が必ず実現すると信じているなら、今この世に広がりつつある闇の力に対し、屈することなく非暴力で戦うことができる。完成の視点が、私たちを立ち上がらせる。

第3節　最後の審判

大きな白い御座

永遠の正義が完全に明らかにされるのは、最後の審判においてである。ヨハネは書く。

「私は死者たちが大きい者も小さい者も（大きな白い）御座の前に立っているのを見た。数々の書物が開かれた。また別の一つの書物が開かれた。それは生命の書であった。死者たちはこれらの書物に書かれていることにより、自分の行いに応じて裁かれた」（黙

20・12）

ひとりひとりが神の前に立ち、地上での言動のすべてが明らかにされる。個人に関わる書物が開かれ、それによって公正な審判がなされる。

正義の実現

この世では不義、不正を行う者が多くの人々を犠牲にし、法の目をくぐり抜けて富み栄えている。旧約のヨブは問いかける。

「なぜ悪しき者が生きながらえて年をとっても、なお力を増し加えるのか。……彼らはタンバリンや竪琴に合わせて歌い、笛の音で楽しむ」（ヨブ21・７〜12）

地上では正義が踏みにじられているかのように見えるが、最終的に、歴史の終わりに、神の義が完全に現される。神の公正な審判によってすべては明らかにされ、正義によって裁かれる。全知の神が、全能の力によって、全人類を正しく裁く。それは千年期の終わり、新天新地が始まる前に起こる。

黙示録では、神に反逆する者への裁きが強調されている。それゆえ、この書は報復の書、怒りの書であると言われてきた。しかし裁きは個人的な怨恨を晴らすためではなく、永遠の正義の実現のためである。

不義と不正が支配しているように見える世界だが、やがて真の正義が明らかになる。民は神の正しい裁きを喜び歌う。

「彼らは歌う。神の僕モーセの歌と小羊の歌とを。そして言う。
『偉大であり驚くべきものです。あなたのみわざは。主よ。神よ。全能者よ。
正しく真実です。あなたの道は。諸国民の王よ。
誰があなたを恐れないでしょうか。主よ、御名をほめたたえないでしょうか。
あなただけが聖なる方です。すべての国民は来て、あなたの前に礼拝します。
あなたの正しい裁きが明らかにされたからです』」（黙15・3、4）

タラントのたとえ

最後の審判では、裁きとともに報いが与えられる。神は私たちの地上の歩みを正しく評価される。人はすべて、「善であれ悪であれ、それぞれ肉体においてした行いに応じて報いを受けるために、キリストのさばきの座の前に現れなければならない」（Ⅱコリント５・10）。
神による最終的な評価について、イエスは「タラント」のたとえを用いた。

「天の御国は、旅に出るにあたり、自分のしもべたちを呼んで財産を預ける人のようです。彼はそれぞれその能力に応じて、一人には五タラント、一人には二タラント、もう一人には一タラントを渡して旅に出かけた。するとすぐに、五タラント預かった者は出て行って、それで商売をし、ほかに五タラントをもうけた。同じように、二タラント預かった者もほかに二タラントをもうけた」（マタイ25・14～17）

注目すべきことに、五タラントを預かって五タラント儲けた者と、二タラント預かって二タラント儲けた者への賞賛のことばは、全く同じである。

「よくやった。良い忠実なしもべだ。おまえはわずかな物に忠実だったから、多くの物を任せよう。主人の喜びをともに喜んでくれ」（マタイ25・21、23）

走るべき道のり

終わりの日に、神は私たちに委ねた賜物をどのように生かして用いたかを問われる。すなわち与えられた物をどう生かしたかが問われるのであって、成し遂げた業績の大小を問われるのではない。

それは個人と神との関係における絶対的な評価であり、人と人との比較による相対評価ではない。神の前にどう誠実に生きたのか、それだけが問われる。そのために私たちは地上の生を生きる。

私たちひとりひとりには、それぞれに「走るべき道のり」（Ⅱテモテ４・７）が、神によって与えられており、その道を忠実に走り抜いたかどうかが問われるのであって、走った距離や早さが他人と比較されるのではない。それゆえ私たちはこの地上で、他者と比較して一喜一憂したり、優越感や劣等感の虜になることはない。

知っている

私たちの地上の人生は、人々からは忘れ去られ、消え失せるように見えても、そのすべてを神が「知っている」。この世では人から誤解され、中傷され、罵られ、悪評に苦しむこともある。痛み、悲しみが理解されず、孤独の中でうめくこともある。

しかしひとりでも、すべてを知り理解して、正しく評価してくれる人がいれば、私たちは生きることができる。イエスはスミルナの教会に語る。

「わたしは知っている。あなたの苦難と貧しさを。しかし実はあなたは富んでいる。また自分をユダヤ人だと言う者たちからの罵り（ののし）をわたしは知っている」（黙2・9）

黙示録の七つの教会への手紙（2、3章）のすべてで、イエスは「わたしは知っている」（オイダ）と語る。イエスは私たちの地上の苦難のすべてを「知っている」。

他の誰に知られなくても、イエスがすべてを「知っている」なら、私たちは挫けない。

第4節　再臨信仰の確立

イエスの証言

再臨信仰は重要である。イエスは終末預言（マタイ24章）の最後に弟子たちに告げた。

「そのとき……人の子が天の雲のうちに、偉大な力と栄光とともに来るのを見るので

す」（マタイ24・30）

また最後の晩餐において、イエスは弟子たちを見捨てることはない、天に場所を備えて後、再び地上に来て彼らを迎えると約束した。

「わたしが行って、あなたがたに場所を用意したら、また来て、あなたがたをわたしのもとに迎えます。わたしがいるところに、あなたがたもいるようにするためです」（ヨハネ14・3）

「わたしは、あなたがたを捨てて孤児にはしません。あなたがたのところに戻って来ます」（同14・18）

捕縛の後の裁判において、大祭司カヤパの前でイエスは多くの偽証に対して沈黙を守った。しかし最後に生命を賭して宣言したのは、栄光の来臨についてだった。

「あなたがたは今から後に、人の子が力ある方の右の座に着き、そして天の雲とともに来るのを見ることになります」（マタイ26・64）

この証言のゆえに、イエスは冒瀆罪によって死刑を宣告された。

御使いの約束

さらに復活の四十日後、イエスが天に上げられ、雲に包まれてその姿が見えなくなったとき、残された使徒たちに、御使いは約束した。

「あなたがたを離れて天に上げられたこのイエスは、天に上って行くのをあなたがたが見たのと同じ有様で、またおいでになります」（使徒1・11）

パウロの証言

パウロもキリストの来臨について「主イエスが、燃える炎の中に、力ある御使いたちとともに天から現れる」（Ⅱテサロニケ1・7）と告げる。

またキリストは「号令と御使いのかしらの声と神のラッパの響きとともに」（Ⅰテサロニケ4・16）天から下って来られる、と預言する。それは初代教会の輝かしい希望であった。

これはキリスト教終末論において最も重要な希望だが、それを信じることはきわめて難しい。

私たちが死んで天へ行くことは、ある程度まで想像できる。しかしキリストが天から突然現れ、すべての悪を滅ぼし、全世界が新しくされるという預言は、私たちの想像を超えている。

再臨への嘲り

一世紀、イエスの十字架と復活から三十年ほど経ったとき、すでに再臨信仰への批判、嘲りが起こっていた。

「彼の来臨の約束はどこにあるのか。父たちが眠りについた後も、すべてが創造のはじめからのままではないか」（Ⅱペテロ3・4）

初代教会は、天に帰ったイエスがすぐに彼らのところへ帰ってくることを切望していた。それゆえ三十年の遅延が問題となっていたのである。

このような中傷にペテロは反論する。人間にとっての千年は、神の前では一日と異ならない。「主の御前では、一日は千年のようであり、千年は一日のよう」である（Ⅱペテロ3・8）。神は「約束したことを遅らせているのではなく」私たちを「忍耐しておられる」。そして「すべての人が悔い改めに進むことを望んでおられる」（同3・9）。

宇宙的変革

なぜキリストの再臨を信じることは難しいのか。創造主である神を信じ、救い主であるキリストを信じることは、個人の心の問題、内面的信仰であるとも言える。

しかしキリストが超自然的に天から再臨し、地上の悪を滅ぼし、全地を一新し、天地創造に匹敵する大変化によって新天新地が実現することは内面的信仰ではない。外面的世界の大変革であり、それを信じるためには、私たちの通常の世界観、歴史観を覆すパラダイム・シフトが必要となる。それゆえキリスト者であっても、この信仰に至ることは容易ではない。

イエスは言われた。

「人の子が来るとき、はたして地上に（その）信仰が見られるでしょうか」（ルカ18・8（括弧内著者））

「（その）信仰」とは、主をひたすら待ち望み続ける信仰、正義の実現のために日々祈り続ける信仰である。

五十八歳の信仰

キリストの再臨は内村鑑三にとっても信じがたいことだった。彼がこの信仰に至ったのは入信して四十年後、五十八歳の時である（一九一八年）。彼は魚類研究を専門とする科学者であり、進化論的な世界観を持っていた。それゆえ天地創造を超えるような大変革によってこの地上の歴史が終わるとは、信じがたいことだった。彼は人生に三回の転機があったと言う。

①十八歳の神信仰（札幌農学校）
②二十七歳のキリスト信仰（アマスト大学・米）
③五十八歳の再臨信仰（一九一八年）

そして再臨信仰の重要性について書いた。

「余はキリストの再臨を確信するを得て、余の生涯に大革命の臨みしことを認むる。これ確かに余の生涯に新時期を画する大事件である」（『基督再臨を信ずるより来たりし余の思想上の変化』一九一八年）

預言の成就

冷静な科学者、緻密な聖書研究者である内村鑑三が、なぜキリストの再臨という超自然的な未来の預言を信じることができたのだろうか。その理由の一つは、預言の成就である。内村は言う。

「聖書は約束の書である。ゆえに旧約といい、新約という。旧約はキリスト降臨の約束であった。而して新約はキリスト再臨の約束である。旧約はナザレのイエスの出生と生涯と死と復活によって充たされた。しかして新約はキリストの再臨と新エルサレムの実現と万物の復興とによって充たさるべくある」（『神の約束としての基督教』一九一六年）

第4章で見たように、旧約聖書のイエスに関する預言は文字通りに成就した。さらにイエスが語った預言もすでに完全に成就した。①十字架の死、②復活、③聖霊降臨、④世界宣教である。

キリスト昇天の十日後、五旬節・ペンテコステに預言のとおり聖霊が天から降り、弟子たちは変えられ、キリスト復活の証人となった。

そしてその後、現在までの二千年の歴史が示すように、福音は全世界に力強く宣べ伝えられている。そして残るもう一つの預言が、⑤再臨である。

旧約の預言がイエスの生涯において成就し、イエスが語った預言もその後の歴史の中で成就している。それゆえ私たちは残されたもう一つの預言、キリストの再臨も成就すると信じることができる。

近親者の死

理由の第二は、第2章で言及した娘ルツ子の死である。彼女の死によって、天国の門が開かれた。

「この日、我らの愛するひとりの少女は我らを去りて、我らの天地は一変した。
この日、聖国（みくに）の門は我らのために開かれた」（「一月十二日」一九一八年）

天への門が開かれると、天から地に来るキリストを見ることができる。

私たちは地上の苦難、悲しみ、嘆き、痛み、呻き、叫びを通して、現世を超えた来世を見る。

そして天からキリストが来て、地上のすべてを新しくする日を待ち望む。

聖霊体験と再臨信仰

第三に、外的なキリストの再臨を信じるためには、内的な聖霊体験が必要である。再臨は世界の変革であり、私たちの内的な体験とは関わりがないかのように思える。しかしそうではない。私たちの内面の変革と世界の変革とは深く結びついている。キリストを救い主と信じることができるのは聖霊によってである。「聖霊によるのでなければ、だれも『イエスは主です』と言うことは」できない（Ⅰコリント12・3）。

同じく聖霊によらなければ、キリストの来臨を待望することはできない。聖霊に満たされた花嫁（教会）はキリストの来臨を待ち望む。

「御霊と花嫁は言う。『来てください。』
これを聞く者は言え。『来てください』と」（黙22・17）

聖霊は信仰へと私たちを導き、私たちの内側を聖め、造りかえていく。パウロは告げる。

「主は御霊です。そして、主の御霊がおられるところには自由があります。私たちはみな、覆いを取り除かれた顔に、鏡のように主の栄光を映しつつ、栄光から栄光へと、主と同じかたちに姿を変えられていきます。これはまさに、御霊なる主の働きによるのです」（Ⅱコリント３・17、18）

聖霊によって新しくされたなら、私たちは霊の目が開かれ、今ここで新天新地を見ることができる。パウロは言う。

「だれでもキリストのうちにあるなら、その人は新しく造られた者です。古いものは過ぎ去って、見よ、すべてが新しくなりました」（Ⅱコリント５・17）

聖霊によって見る

本書の第１章において、私たちは二つの視点の重要性を見た。天の視点と完成の視点である。このような新たな視点を得るためには、聖霊の働きが不可欠である。ヨハネは聖霊によって天に上げられ、そこで天の礼拝を目撃し、それによって天から地を見るという天の視点、終わりから今を見るという完成の視点を得た。

神は語られた。「ここに上れ。この後、起こるべきことをあなたに示そう」（黙4・1）。するとヨハネは「霊によって満たされ」（同4・2）、天の「御座」を見た。

聖霊は私たちの視野を広げ、物事の本質を見通す力を与える。キリストの再臨を確信するためには、このような聖霊による霊的開眼が必要である。聖霊によって目を開かされたなら、私たちは現世に縛られた狭い視野を超え、永遠の世界を見ることができる。

内的再臨と外的再臨

内村は聖霊が私たちの心に臨み内面を変革することを「内的再臨」と呼び、キリストがこの世に来て世界を変革することを「外的再臨」と呼んだ（『基督再臨の二方面』一九二〇年）。聖霊の「内的再臨」によって内面が変革されたなら、キリストの「外的再臨」によって世界が一新されることを切望するようになる。

聖霊が人間の汚れた心に天から降臨し、新生させ聖化するように、キリストは暗黒の世界に天から来臨し、すべてを新しくし栄化する。

私たちが今ここで聖霊によって新しくされ、キリストと共にある喜び、魂の平安に満たされているなら、やがてキリストの来臨によって完全な平和が実現し、喜びが全地に満ち、万物が新しくされると確信することができる。

天国の一瞥

私たちは聖霊によって天国をかいま見ることができる。それはやがて現れる新天新地の栄光でもある。内村鑑三は書いた。

「われらの見んことを欲するものは竜動(ろんどん)でも巴里(ぱりー)でもない、我らは天国を見んことを欲する、天国は容易に見ることのできる者ではない、しかしこれが見えた時には、われらの宇宙観と人生観とは一変する、その時には路傍の草までがわれらのために讃美歌を唱へるやうになる、その時にはわれらの涙はすべて拭はれる、われらの疑問はすべて解けるこの世はただちに楽園と化する、勇気は湧き出づる、怨恨は失する、天国の一瞥(いちべつ)は実に魔術者の呪杖(じゅじょう)である」(『天国の一瞥』一九〇二年)

天国の前味

彼は「天より降る新しきエルサレム」をこの世においてかいま見た。それは「天国の前味」

である。

「聖霊を受けし時の感はこれである、すなわちこんな善い者は全世界にない、

これさへあれば余は何んにも要らない、

金はもちろん、位も名誉も何んにも要らない、……

天は晴れ、地は動かず、樹も草も、獣も鳥も、日も月も星も、

皆な我に同情を寄するやうに思はれる、これがもし天国でないならば何が天国であるか、

天より降る新しきヱルサレムを我はこの世において見ることができて感謝する。……

こんな嬉しい事、こんな有難い事を余は余のこの世の生涯において実験しやうとは思はなかつた、ああ今より後、永久続けてかかる歓喜に与かりたいとはあるひは望外の望であるかも知らない、しかしよし一分間でもよい、

一分間なりとこの世から天国を覗いたのである、

この一分間を得んがために余の生涯のすべての苦痛があったとするも余は悔いない……

天国とは何であるか、かかる経験の妨碍なき享楽の連続であるに相違ない、

われらはこの世においてはわずかに霊の質を得るのである、

すなわち天国において受くべき聖霊の一部を得るのである、

神はわれらをしてこの世において天国の前味を為さしめんがために、之を賜ふのであらふ、我はひとたび聖霊を味ふてその味を忘れることは出来ない」（『聖霊を受けし時の感覚』一九〇六年）

世界情勢

第四は世界情勢の激変である。百年ほど前、世界は大きく揺れ動いていた。人類史上初の世界大戦、一九一四年の第一次世界大戦が勃発した。第6章で見たように、内村は英字新聞によって世界の情勢を的確に把握し、その深刻さを知っていた。同じ時に、世界初の疫病のパンデミックであるスペイン風邪も猛威をふるっていた。一九一七年にアメリカが参戦し、戦争が世界に拡大していくのを見て、内村は真の平和は人間の力ではなく、天地を創造した神、和解の主キリストの来臨によると確信した。彼は世界平和とキリストの来臨について書いた。

「彼（キリスト）は平和を各自の心に注ぎ、争闘を其源において絶ち給ふ、
　彼のみ真の平和主義者である、
　絶対的平和を唱へて完全に之を実行し得る者である、

故に彼の降臨を待たずして世に平和は行なはれない、
世界の平和は畢竟するにキリストの再臨を待って始めて世に行はる、ものである」
（「世界の平和は如何にして来る乎」一九一一年『聖書之研究』）

待ち望む

神の民は「目を覚まして」（Ⅰテサロニケ5・6）、「収穫を待つ農夫」（ヤコブ5・7）のように忍耐強く、主の来臨の日を待ち望む。その日は「近い」。

キリストは「夜中の盗人」（同5・2）のように突然やって来る。「その日、その時がいつなのかは、だれも」知らない（マタイ24・36、25・13）。

パウロは世界が「世の終わりに臨んでいる」と警告したが（Ⅰコリント10・11）、ペテロも同じく「万物の終わり」が近づいていることを指摘し、「祈りのために、心を整え身を慎」むように（Ⅰペテロ4・7）勧める。そして殉教直前の最後の手紙に書き記す。


「私たちは、神の約束にしたがって、義の宿る新しい天と新しい地を待ち望んでいます」（Ⅱペテロ3・13）

再臨の待望

初代教会はキリストの再臨を切望していた。黙示録22章において、「わたしはすぐに来る」とイエスは三度宣言する（7、12、20節）。それに答えて、民は「アーメン。来てください。主イエスよ」と答える（17、20節）。この応答の声が黙示録に、また新約聖書全体に響いている。「来る（エルコマイ）」は現在形である。キリストは今、来たりつつある。それゆえ黙示録は希望の書である。

第10章　患難期

キリストの来臨まで、地上では「大きな苦難」の時代（患難期）があり、闇の力が地を覆っているかのように見える。しかしキリストは天から来て、地上の悪の支配を終わらせる。そして千年間、王として地上を支配し、その後、新天新地が実現する。

この患難期（再臨直前）と千年期（再臨直後）については諸説あり、論争がなされてきた。それゆえ第10章で患難期、第11章で千年期の問題を検討し、最後の第12章で新天新地の栄光を見る。この第10章と第11章はやや専門的な議論になるので、第12章を先に読むこともできる。

第1節　前後患難期説

ジョン・ダービー

次章で詳しく見るが、四世紀にキリスト教が国教化されてから再臨信仰は衰退した。しかし十九世紀に再臨信仰の重要性が強調され、新しい流れが起こった。その中心となったのはイギリスのジョン・ダービーである。

ダービーは世俗化した教会がその聖さを取り戻し、再臨のキリストを待ち望むことを強調した。彼は神の言葉である聖書、特に預言を真剣に学び、キリストの再臨を切望し、「すでに来た神の国」ではなく、再臨によって実現する未来の「まだ来ていない神の国」を待ち望むよう勧めた。

彼は歴史を分割し、その区分された時代（ディスペンセーション）に基づいて、聖書を解釈する。ダービーは、再臨直前の患難時代、大患難期の警告に耳を傾け、この世の汚れに染まることなく、世と分離して清い生活を送り、キリストの再臨を切望するよう人々を励ました。そしてそれまでほとんど注目されていなかった教会の「携挙」を強調した。

十九世紀初め、聖書の権威を否定するリベラリズムが広がっていたとき、ダービーの訴えは共感を呼び、特にアメリカの福音派に大きな影響を与えた。これは画期的なことであり、その流れは現代まで二百年近く続いている。ダービーの成し遂げたことは高く評価されるべきであ

①後患難期説：初代教会

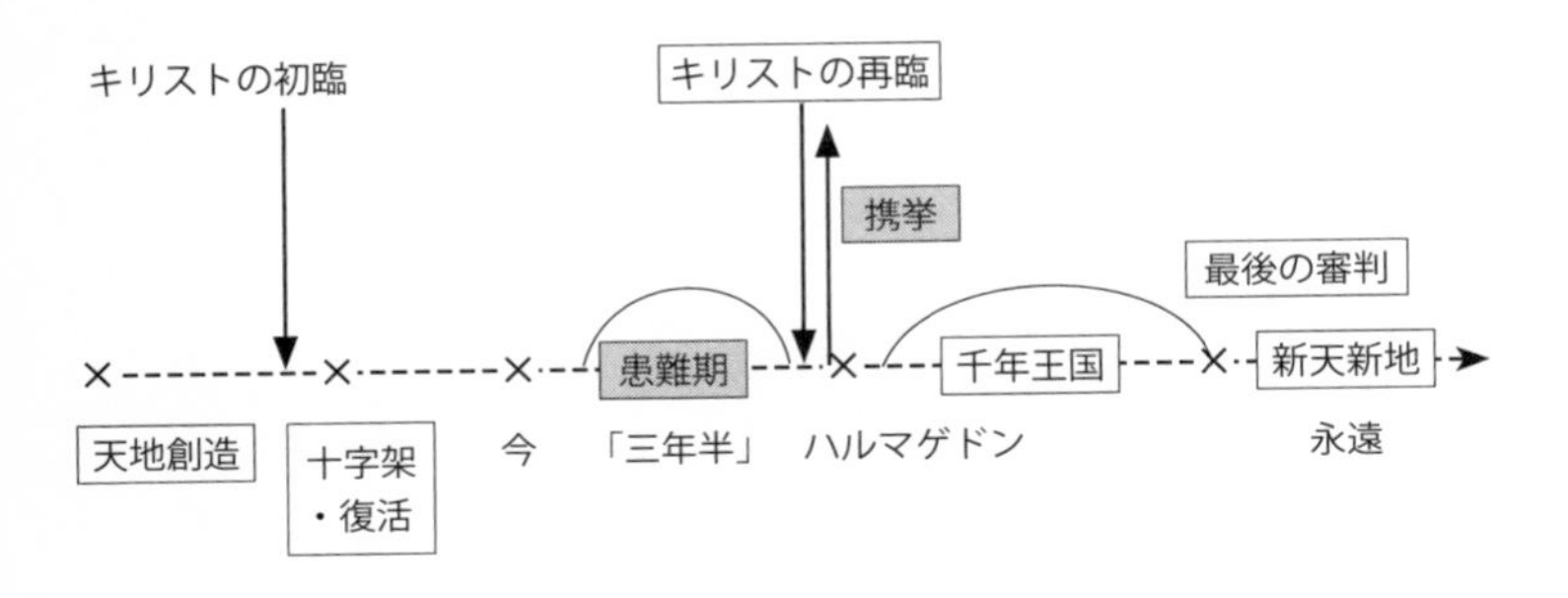

②前患難期説：J・ダービー

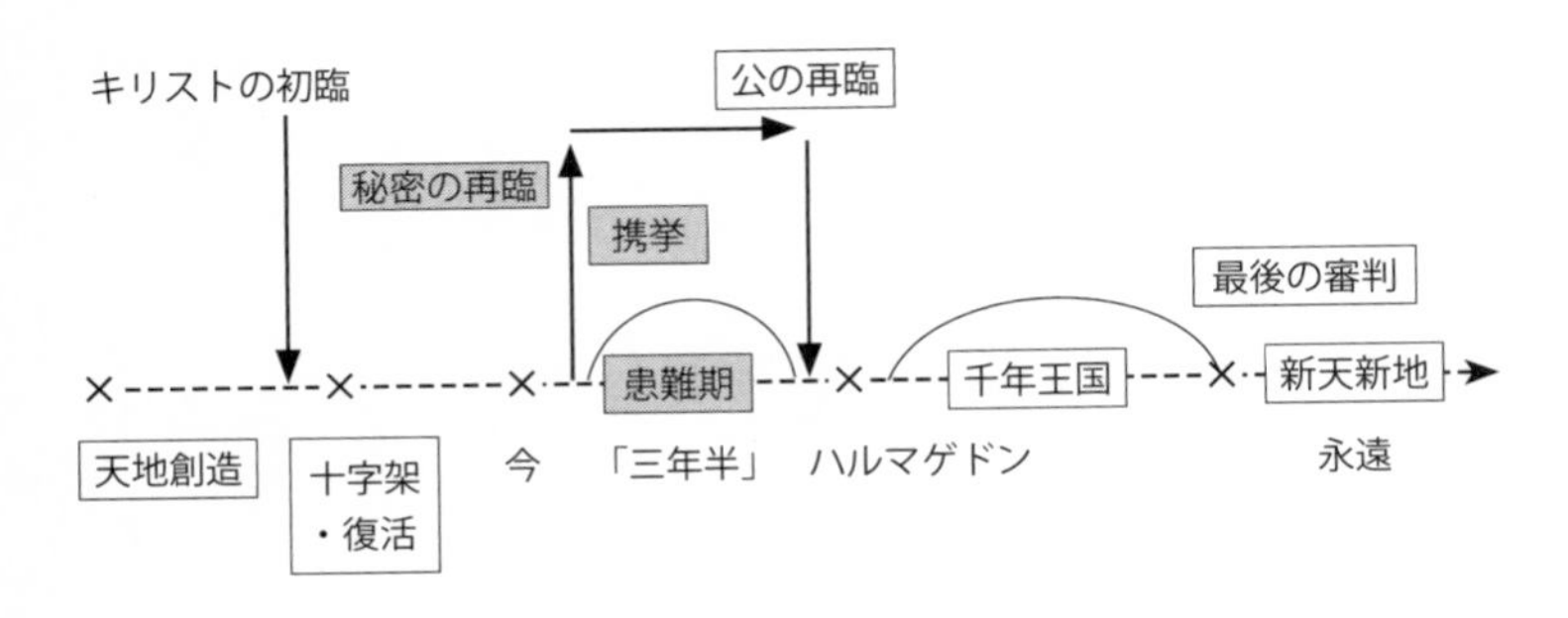

る。

携挙

携挙とは何だろうか。パウロはキリストの再臨について語る。

「号令と御使いのかしらの声と神のラッパの響きとともに、主ご自身が天から下って来られます。そしてまず、キリストにある死者がよみがえり、それから、生き残っている私たちが、彼らと一緒に雲に包まれて引き上げられ、空中で主と会うのです」（Iテサロニケ4・16、17）

すなわち順序は、①キリストの再臨、②死者の復活、③生存者の空中への引き上げ（携挙）である。

第2章で見たように、キリストにあって死んだ者は天に上げられ、礼拝をささげつつ、キリストの再臨、復活の日を待っている。もしキリストの再臨の日にまだ生きているなら、天へ上げられキリストと空中で出会う。そのとき一瞬で栄光の体に変えられる。

「終わりのラッパとともに、たちまち、一瞬のうちに変えられます。ラッパが鳴ると、死者は朽ちないものによみがえり、私たちは変えられるのです」（Ⅰコリント15・52）

この預言はそれまでほとんど注目されていなかった。それゆえこの預言を強調したことは、キリスト教終末論への関心を高める一つの要因となった。

患難期前携挙

ダービーはこの携挙が患難期の前にあるので、教会は最後の苦難に遭わないという説を提唱した。患難期前携挙説と呼ばれる。本書では「前患難期説」（Pretribulationalism）と略す。聖書の権威を否定する教えに教会が揺らいでいたとき、預言が文字通り成就することを強調したダービーの終末論は新鮮であり、人々の心を捉えた。初代教会の信仰に帰ろうとしたとも言える。

二十世紀にアメリカでは、この説に基づいた注釈付きのスコフィールド聖書が広く読まれ、それは保守派のシンボルのようになり教会に浸透した。戦後アメリカから多くの宣教師が来日して伝道し、プロテスタント教会が生まれたが、彼らの多くはこのディスペンセーション主義の終末論を信じていた。その影響もあり日本の教会、福音派では多くの教会がこの説を採っている。

ハル・リンゼイとレフトビハインド

前患難期説は本来は、教会が世の罪に染まることなく再臨のキリストの花嫁として聖く生きよという呼びかけだった。しかし強調点が変化していく。

地上の苦難には遭わない、苦難を受けないことが祝福である。さらにはキリスト者は天に挙げられるのだから、悪化していく地上の事件とは無関係なので関わる必要はない。社会的参与を放棄するような、逃避的な教えに変わっていった。

その典型的な例は、二十世紀のハル・リンゼイの『地球最後の日』と二十一世紀初頭の『レフトビハインド』シリーズである。これらはアメリカでベストセラーになり、大きな影響を与えた。特に『レフトビハインド』は映画やビデオにもなった。それは携挙されずに地上に「取り残された」（レフトビハインド）人々が、その後どう生きるのかという空想の物語である。

保守派とキリスト教右派

J・ダービーはこの世から分離して、キリストの花嫁として聖い生活を送ることを強調した。しかしアメリカでは一九八〇年代のレーガン政権において、政治的な右派である共和党とキリスト教的右派・原理主義者の福音派が結びついた。福音派と呼ばれる人々は、現在四千万人、人口の一二％だが、その多くは共和党、そしてトランプ元大統領を支持している。

第２節　後患難期説

苦難の意義

前患難期説の問題点の第一は、終末的苦難の理解である。私たちは終末的苦難を経て、神の国に入る。イエスは言われた。

「世があなたがたを憎むなら、あなたがたよりも先にわたしを憎んだことを知っておきなさい。……人々がわたしを迫害したのであれば、あなたがたも迫害します」（ヨハネ15・18〜20）

地上における苦難を覚悟して従うよう、イエスは私たちを励ます。

「世にあっては苦難があります。しかし、勇気を出しなさい。わたしはすでに世に勝ちました」（ヨハネ16・33）

苦難は恵み

パウロは自らの苦難について語る。

「労苦したことはずっと多く、牢に入れられたこともずっと多く、むち打たれたことははるかに多く、死に直面したこともたびたびありました。ユダヤ人から四十に一つ足りないむちを受けたことが五度、ローマ人にむちで打たれたことが三度、石で打たれたことが一度、難船したことが三度、一昼夜、海上を漂ったこともあります」（Ⅱコリント11・23〜25）

苦難は不可避である。

「私たちは、神の国に入るために、多くの苦しみを経なければならない」（使徒14・22）

「キリスト・イエスにあって敬虔に生きようと願う者はみな、迫害を受けます」（Ⅱテ

モテ３・12）

しかし苦難は恵みである。

「キリストのために受けた恵みは、キリストを信じることだけでなく、キリストのために苦しむことでもあるのです」（ピリピ１・29）

苦難に遭わないことが私たちの希望ではない。苦難による純化こそが私たちの喜びである。苦難は、純粋な金となるための精錬の炎である。ペテロは言う。

「あなたがたは……今しばらくの間、様々な試練の中で悲しまなければならないのですが、試練で試されたあなたがたの信仰は、火で精錬されてもなお朽ちていく金よりも高価であり、イエス・キリストが現れるとき、称賛と栄光と誉れをもたらします」（Ｉペテロ１・６、７）

苦難と希望

それゆえ私たちは「苦難さえも喜」ぶ（ローマ5・3）ことができる。

「私たちは信仰によって義と認められたので、私たちの主イエス・キリストによって、神との平和を持っています。……私たちは……神の栄光にあずかる望みを喜んでいます。それだけではなく、苦難さえも喜んでいます。それは、苦難が忍耐を生み出し、忍耐が練られた品性を生み出し、練られた品性が希望を生み出すと、私たちは知っているからです。この希望は失望に終わることがありません。なぜなら、私たちに与えられた聖霊によって、神の愛が私たちの心に注がれているからです」（ローマ5・1～5）

天と地の分離

問題点の第二は黙示録の解釈についてである。前患難期説では教会は黙示録4章で携挙され、そのまま黙示録19章の再臨まで天にとどまる。すなわち黙示録6～18章の地上の出来事は教会とは無関係であり、教会は天にあってそれを見る傍観者となる。

しかしすでに第3章で見たように、黙示録6～18章の警告はマタイ24章のイエスの警告と一致しており、全時代、特に終末の時代の教会への重要なメッセージである。黙示録は地上の終末苦難をどのように生きるかを示した書である。

「迎え」て戻る

前患難期説の弱点の第三は「迎え」（アパンテーシス）の解釈である。再臨のキリストが天から降ってくるとき、私たちは天に上げられキリストを「迎え」地上に戻る。

「それから、生き残っている私たちが、彼ら（復活した人々）と一緒に雲に包まれて引き上げられ、空中で主と会う（主を迎える（アパンテーシス））のです。こうして私たちは、いつまでも主とともにいることになります」（Ⅰテサロニケ4・17〔括弧内著者〕）

ここで「会う」と訳されている語は、用例の少ない「アパンテーシス」である。名詞としての用例は他に二回のみであり、共に迎えに行って戻って来ることである。

神の民は来臨のキリストを「迎え」に出て、戻る。

「ところが夜中になって、『さあ、花婿（キリスト）だ。（その民は）迎えに出なさい』と叫ぶ声がした」（マタイ25・6〔括弧内著者〕）

（ローマの友人たちは）パウロを「迎え」、方向転換して戻る。

「ローマからは……兄弟たちが、アピイ・フォルムとトレス・タベルネまで……迎えに来てくれた」（使徒28・15）

すなわちイエスは天から下り、そのまま地へ向かう。キリスト者は、地上から天へ上げられ、空中でイエスを「出会え」、方向転換して地へ戻る。これは前掲の図にあるように患難期の後に起こる。

もし携挙が患難期の前なら、民はイエスを「迎え」た後そのまま天へ行くことになる。これは「迎え」（アパンテーシス）の用例に合わない。それゆえこの語の用例は、後患難期説を支持する。[1]

イスラエル民族

J・ダービーはイスラエル民族の役割を強調した。前患難期説によれば、患難期は携挙されずに地上に残されたイスラエルのためにあり、再臨後の千年期でもイスラエル民族が中心的な役割を果たす。旧約聖書のイスラエルへの預言のほとんどは千年期で成就すると言う。それゆえ終末におけるイスラエル民族の役割を見ておこう。

イスラエルの独自性

終末において「イスラエル」は、民族としての独自性を持つ。パウロは「私は、自分の兄弟たち、肉による自分の同胞のためなら、私自身がキリストから引き離されて、のろわれた者となってもよいとさえ思っています」（ローマ９・３）と述べ、イスラエル人として同国人の救いを熱心に願っている。彼はイスラエルが「神のことばを委ねられ」た（同３・２）特別な民であることを強調する。そしてローマ９〜11章においてイスラエル民族についての神の計画を述べ、福音はイスラエル人の拒絶によって異邦人にもたらされたが、「異邦人の満ちる時」（同11・25）が来たなら「イスラエルはみな救われる」（同11・26）と言う。

「この奥義を知らずにいてほしくはありません。イスラエル人の一部が頑なになったのは異邦人の満ちる時が来るまでであり、こうして、イスラエルはみな救われるのです」（同11・25、26）

これは「終末におけるイスラエル民族の回心」を示唆している。[2]

それはイスラエル民族がひとり残らず救われるということではなく、イスラエルの民の中から多くの人々が悔い改めてキリストに立ち返るという意味である。イスラエル民族に対する「神の賜物と召命」とは変わることがない（ローマ11・29）とパウロは語る。

イエスは十二使徒に約束した。

「人の子がその栄光の座に着くとき、その新しい世界で、わたしに従って来たあなたがたも十二の座に着いて、イスラエルの十二の部族を治めます」（マタイ19・28）

イスラエル共和国

確かにイスラエルへの神の特別な計画はあるが、それは一九四八年に建国されたイスラエル共和国を全面的に肯定することではない。他の近代国家と同じく、イスラエル共和国は国家としての問題や矛盾を抱えている。

むしろ新約では、民族的な区別を超えた神の民の普遍性が強調されている。

「ユダヤ人もギリシア人もなく、奴隷も自由人もなく、男と女もありません。あなたがたはみな、キリスト・イエスにあって一つだからです」（ガラテヤ3・28、コロサイ3・11

参照）

神の選びの民であるイスラエルと異邦人との間の「隔ての壁」は、キリストによって打ち壊され（エペソ２・14）、両者は「一つのからだ」（同２・16）とされ、十字架によって神との和解がなされた。それゆえ両者はともに「一つの御霊」（同２・18）において神に近づくことができる。

「外見上のユダヤ人」であること、「割礼を受けているか受けていないか」は重要ではなく、大切なのは「新しい創造」（ガラテヤ６・15）である。それゆえ新約の神の民は「神のイスラエル」（同６・16）と呼ばれている。

黙示録のイスラエル

このようにイスラエルは民族性と普遍性という二つの側面を持つ。黙示録でこの問題に関して重要なのは、７章の「十四万四千人」の「イスラエル」である。彼らは終末的な災いから守られるために「額に印」を押される「神の僕たち」（７・３）であり、「イスラエルの子らのすべての部族の者」から部族ごとに「一万二千人」ずつ集められる。

黙示録７章はイスラエルの強い民族性を示唆しているようだが、この十四万四千人は14章で再び登場し、彼らの額には「小羊の名と小羊の父の名」（黙14・1）が記されている。

黙示録3章では「わたし（キリスト）は彼（勝利を得る者）の上に書こう。わたしの神の名と、わたしの神の都の名、すなわち……新しいエルサレムの名と、わたしの新しい名とを」（3・12）と約束されている。新しいエルサレムでは、すべての神の民の額に「神の名」（黙22・4）が記されている。これらの「額の名」は同じものだと思われる。

それゆえ額の「印」に関しては、民族的なイスラエルとそれ以外の神の民との間に区別はない。このことから7章の「十四万四千人」は民族的なイスラエルではなく、神の民全体を示していると考えられる。

天の大群衆と十四万四千人

また黙示録において数字は象徴的に用いられており、三、四、七（三＋四）、十、十二（三×四）などの完全数が繰り返し現れる。「十四万四千人」も十二×十二×千であり、具体的な人数というよりはむしろ象徴的に神の民の全体を示している。

黙示録7章では十四万四千人の幻に続き、天の「大群衆」が登場する。この天の大群衆は「すべての国民、部族、民族、言語」（7・9）から成っており、「小羊が彼らの牧者」であり、「小羊」が彼らを「生命の水の泉に導く」（7・17）。

14章の「十四万四千人」も「小羊が行く所には、どこにでもついて行く」（14・4）。「十四万四千人」も「大群衆」も小羊キリストに導かれている。

それゆえ7章の「十四万四千人」のイスラエルと天の「大群衆」は、異なる二つの集団ではなく一つの神の民である。地上の神の民と天の神の民、一つの神の民の地上的側面と天上的側面である。

諸国民の救い

イスラエルと異邦人は「小羊」をかしらとする一つの神の民であり、一体となって歴史の完成に向かう。キリストの来臨によって、地上の王国は贖われて神のものとなり、諸国の間の完全な和解が実現し、イザヤの預言が成就する。

「その日、エジプトからアッシリアへの大路ができ、
アッシリア人はエジプトに、エジプト人はアッシリアに行き、
エジプト人はアッシリア人とともに主に仕える。
その日、イスラエルはエジプトとアッシリアと並ぶ第三のものとなり、
大地の真ん中で祝福を受ける。万軍の**主**は祝福して言われる。

『わたしの民エジプト、わたしの手で造ったアッシリア、
わたしのゆずりの民イスラエルに祝福があるように』」（イザヤ19・23～25）

新天新地において国々の間の敵意は取り除かれ、イスラエルも異邦人もキリストにあって一つとされ、新しいエルサレムの民となる。それゆえ都の十二の門にはイスラエルの「十二部族」の名が記されており（黙21・12）、また城壁の十二の土台石には「小羊の十二使徒の十二の名」が刻まれている（21・14）。「イスラエル」は終末において独自の役割を果たすが、栄光の都においては諸国の民と一つとなって神を礼拝する。

漸進的ディスペンセーショナリズム

前患難期説については一九五〇年代にアメリカで論争があった。この説を支持するワルブード（ダラス神学校）と批判するG・E・ラッド（フラー神学校）が論争し、その結果、ディスペンセーション主義は古典主義から修正主義、さらに漸進主義へと変化しラッド説に近づいた。[3] この論争については優れた論文集が出版されているので、詳細はそれらを参照されたい。[4]

私事になるが筆者は四十年前の夏、ラッド・ワルブード論争の本を取り寄せ比較検討し、ラッド説の正しさを確信した。そして初代教会の終末論、歴史的前千年期説、後患難期説に生き

ることを決意し、特に再臨前の患難期に焦点を合わせて研究することにした。

大きな一致、小さな違い

前患難期説と後患難期説の間では八〇年代以降も論争があり、初期の頃の極端な説は主張されなくなり、携挙が患難期の後である可能性を認める方々もおられる。

両者の違いは携挙の時期、イスラエルの役割だが、他の点についてはほぼ一致している。これらはキリスト教終末論全体から見ると小さな違いである。二つの説は終末論全体の枠組みが共通しているので、建設的な対話が可能である。

筆者は二〇〇二年に『小羊の王国』を出版し、当時強い影響力を持っていた『レフトビハインド』の前患難期説を批判し、初代教会の終末論に立ち返るように訴えた。

しかし驚くべきことに、この書を最も熱心に読んでくださったのは批判されている方々だった。教師研修会などで共に「黙示録の終末論」の全体像を学ぶと、多くの方々が共感してくださった。それによって私たちの相違点は小さく、一致点の方がはるかに大きいことに気づかされた。

謙遜にそして真摯に学んでくださった方々に心から感謝する。メノナイトブレザレン、キリスト集会、再臨待望同志会、チャーチ・オブ・ゴッド、基督兄弟団、ホーリネス教団などの方々である。何よりも聖書の預言を真剣に学び、キリスト再臨の切望で一致していることに励まされた。携挙が患難期の前か後かの違いはあるが、他の点では一致している。小さな相違はあるが、大きな点では一致している。

再臨、患難期、天国、新天新地

私たちは根本的な点で一致しているなら、小さな違いを越えて力を合わせていくことができる。一致すべき重要な点とは何だろうか。四つある。

①キリストの再臨

キリストは超自然的に天から来て、すべての不義、不正を打ち砕き、ご自身の栄光を現される。

②再臨直前の大きな苦難の時代

警告されたとおりに、再臨直前に「かつてない大きな苦難の時」があり、終末のしるしが起こる。

③死後の天国

死後、天の国へ行き、御使いたち、聖徒たちと共に神を礼拝し賛美する。

④新天新地の実現

この世界は終わり、天地創造に匹敵する根源的な変革によって歴史が完成し、創造の目的が達成され、天と地が全く新しくされる。

この四点こそがキリスト教終末論の核心であり、私たちの希望である。この点で一致しているなら、携挙やイスラエルの役割などの小さな違いを超えて、私たちは協力できる。

キリスト教にはさまざまな教派があるが、黙示録が示すこれらの点で一致できるなら、私たちは歴史の完成としてのキリストの再臨を待ち望みつつ、この地上で神の国の前進のために力を尽くすことができる。

それゆえ黙示録は希望の書である。

第11章　千年期

前章で再臨直前の患難期について見たので、本章では再臨直後の千年期について検討する。

第1節　前千年期説

前千年期説

黙示録によれば、キリストの再臨の後に千年王国の時代があり、その後に新天新地が実現する。

初臨→［再臨］→千年王国→新天新地

千年王国の前にキリストの再臨があるので千年王国前再臨説と呼ばれる。本書では「前千年期説」（Premillenialism）と略する。三世紀までの初代教会はすべてこの終末論だった。三世紀までローマ帝国はさまざまな形で教会を迫害した。自らを絶対化、神格化し、獣となって皇帝礼拝を強要することもあった。

初代教会は迫害の中で証言を続け、キリストが天から来臨しすべての悪を滅ぼし、新しい栄光の支配が始まることを切望していた。神の国の未来性を強調していた。

四世紀の変化

しかし四世紀になって事態は一変し、新しい終末論が表れた。無千年王国説である。この説によれば、千年王国はもうすでに始まっている。神の国はすでに来ている。神の国の現在性を強調する終末論である。

初臨→（千年王国）→再臨→新天新地

再臨の後に千年期は無いので、無千年王国説と呼ばれる。本書では「無千年期説」（Amillenialism）と略す。

なぜこのような終末論が唱えられたのか。四世紀にローマ帝国がキリスト教を公認し国教化したからである。四世紀初頭のディオクレティアヌス帝（二八四〜三〇五年）の大迫害の後、三一三年にコンスタンティヌス帝（三〇五〜三三七年）によってキリスト教が公認され（ミラノの勅令）、さらに三九二年にテオドシウス帝（三七九〜三九五年）によってキリスト教が国教化された。

ローマ帝国はキリスト教国家となった。帝国の支配によって神の国はすでに地上に来ている。千年王国はすでに始まっている。それゆえキリストの再臨後に千年王国はなく、すぐに新天新地が始まる。そう無千年期説は主張する。

キリスト教の勝利

キリスト教の公認、国教化は、教会とローマ帝国の三百年間の戦いにおいて教会が勝利したことを示している。ガリラヤから始まったキリスト教は、厳しい迫害の時を経てローマ帝国の宗教となった。福音は帝国全土に宣べ伝えられた。

しかし他方、四世紀は、教会が国家と一体化して地上を支配し、迫害される少数者から迫害する多数者へと、その立場を変えた時でもある。教会と国家が一体化することによって、いわ

前千年期説

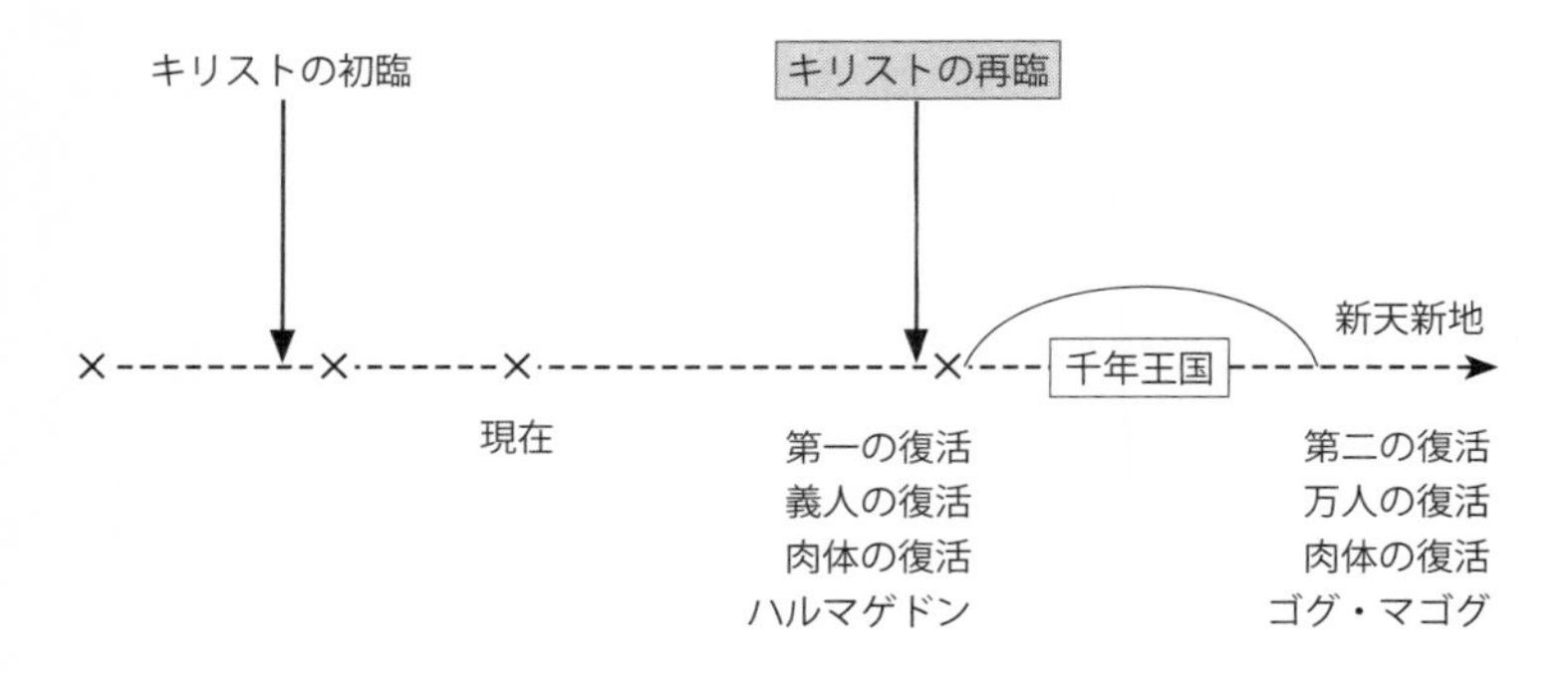
キリストの初臨
キリストの再臨
新天新地
千年王国
現在
第一の復活
義人の復活
肉体の復活
ハルマゲドン
第二の復活
万人の復活
肉体の復活
ゴグ・マゴグ

無千年期説

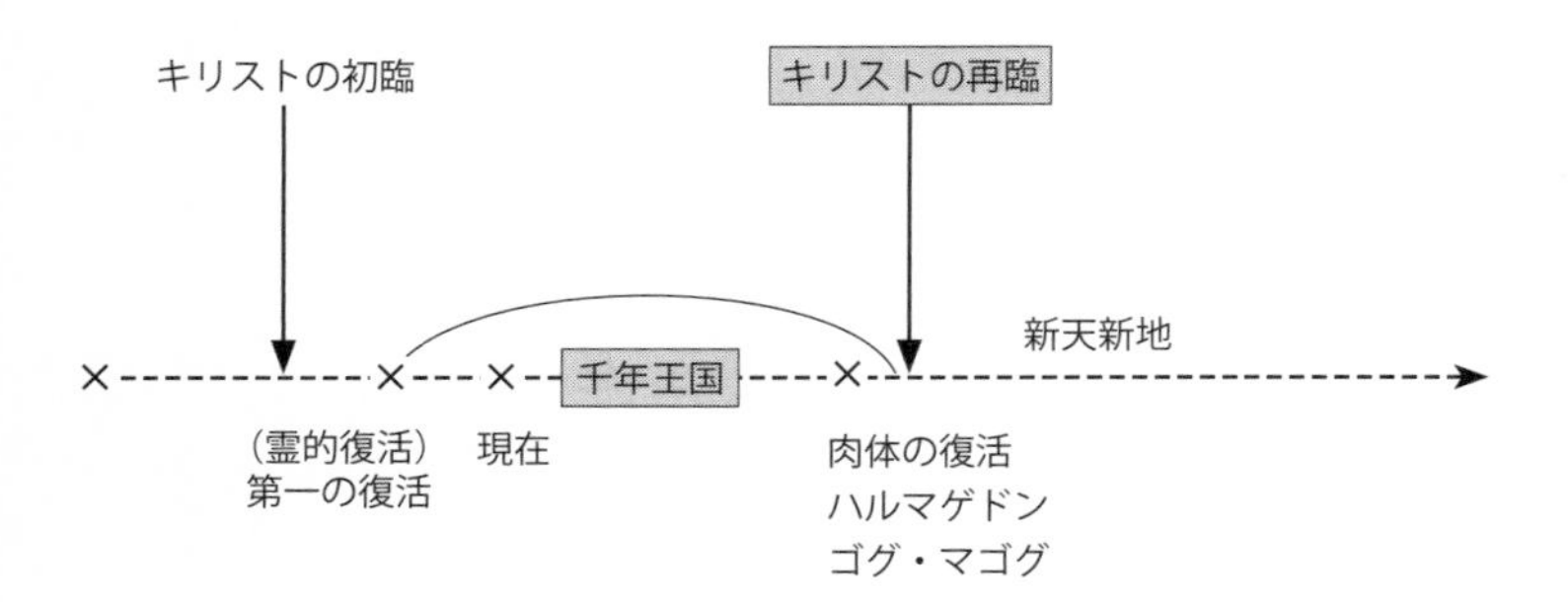
キリストの初臨
キリストの再臨
新天新地
千年王国
（霊的復活）
第一の復活
現在
肉体の復活
ハルマゲドン
ゴグ・マゴグ

ゆる「キリスト教世界」（Christendom）が成立し、教会を通して現在「すでに」実現している「神の国」が強調され、その未来的な完成としての「キリストの再臨」は軽視され始めた。教会は来臨の切望よりは、むしろ地上に神の王国を建てることに力を注ぎ始めた。

アウグスティヌス『神の国』

今ここにすでに神の国が教会を通して現されているのなら、まだ来ていない神の国、キリストの再臨による未来の神の国を待ち望む必要はない。それゆえ教会が国家と一体化すると終末論が衰退する。

アウグスティヌスはキリストによる勝利の王国がすでに「神の国」、「天の国」として実現しつつあることを強調する。しかしそれとともに「地の国」も世の終わりまで存在し続けることを『神の国』において指摘している。

「二つの愛が二つの国を造ったのである。すなわち神を軽蔑するに至る自己愛が地的な国を造り、他方、自分を軽蔑するに至る神への愛が天的な国を造ったのである。要するに、前者は自分を誇り、後者は主を誇る」（第十四巻　第二十八章、二二七頁）

キリスト教終末論の歴史

	無千年期説 神の国の現在性	歴史的前千年期説 後患難期説 神の国の現在性・未来性	前千年期説・前患難期説 神の国の未来性
1世紀	迫害：ネロ帝 迫害：ドミティアヌス帝	初代教会 ヨハネの黙示録	
4世紀 中世	キリスト教の公認・国教化 アウグスティヌス『神の国』 終末論の衰退		
16世紀	宗教改革　ルター×黙示録 カルヴァン×黙示録		
17世紀 18世紀	ピューリタン・後千年期説 啓蒙主義		
19世紀	進化論 社会的福音		J・ダービー 前千年期説・前患難期説
20世紀	バルト　霊的再臨 モルトマン　希望の神学 H・ベルコフ	G・E・ラッド 歴史的前千年期説 後患難期説	ハル・リンゼイ 『地球最後の日』
21世紀	N. T. ライト　開始された終末論 復活の強調 ×未来の患難期 ×再臨　×携挙 ×世界の終わり　×天国	『小羊の王国』→ J・パイパー 『来て下さい、主よ』（未刊） ←『黙示録の希望』	『レフト・ビハインド』 米キリスト教原理主義 福音派 政治的右派 宗教的右派
現在			
患難期		十字架と復活の終末論 歴史的前千年期説 後患難期説	
再臨			

「これら二つの国は、この過ぎゆく世にあってはいわば絡み合い、相互に混じり合っている」（第十一巻　第一章、二二頁）

しかしその後の歴史の中で「天の国」と「地の国」の混在と葛藤は忘れ去られ、「天の国」の勝利のみが強調されるようになった。千年期がすでに来ていることのみが強調され、「大きな苦難の時代」は、軽視、無視、否定されるようになった。楽観的な終末論の流れがここから始まる。

中世

中世においては教皇を頂点とする階層秩序（ヒエラルキー）の確立とともに、教会と国家の一体化は社会体制としてより強固になった。「神の国」は教会そのものと同一視され、終末論はほとんど語られなくなった。終末論は衰退し、キリストの来臨への熱い思いは失われた。

四世紀から千二百年間、ヨーロッパではキリスト教世界が形成された。この社会では、キリストの再臨を否定はしないが、信仰の中心ではない。今ここで神の国を実現することが最大の関心事となり、やがてそれは世俗化し、現世の中に神の国は埋没していった。

宗教改革

十六世紀、ルターとカルヴァンの宗教改革によって教会は改革された。新約聖書の時代から千五百年、付加されたものが取り除かれ、聖書のみ、信仰のみ、キリストのみを掲げて、さまざまな改革がなされ、一世紀の初代教会の信仰が回復された。救済論における信仰義認論と、教会論における万人祭司論において、画期的な進展があった。教会は新しい息吹を得て、力強く前進し始めた。

しかし改革されなかった分野がある。終末論である。ルターの九十五箇条の提言にキリストの来臨への言及はない。カルヴァンは多くの注解を遺したが、黙示録の注解はない。彼らは共にアウグスティヌスの無千年期説を継承していた。当時のカトリック教会と同じである。なぜなのか。

ルターは、ミュンツァーらの急進的な終末論が暴力的革命をもたらしたことを、強く警戒していた。カルヴァンにとっては、ジュネーブの政治改革によって、地上に神の国を実現することが何よりも重要だった。

プロテスタント教会は、既存の教会から迫害されていた。彼らはすでに地上の苦難の中にあり、反キリストはローマ教皇であり、その権力による弾圧と戦った。彼らは、プロテスタント教会の存亡をかけた戦いを日々繰り広げていた。今ある教会をどのように改革し、聖書の教会に近づけていくのか。それが彼らに与えられた最大の課題だった。彼らにとって、未来の苦難の時代よりは、現在の苦難をどう乗り越えていくのかが最大の課題であり、終末論や黙示録の解釈に多くの時間を費やすことはできなかった。

ピューリタンの終末論

十七世紀にカルヴァンの流れをくむピューリタン、清教徒はクロムウェルらがイギリスでの改革に取り組んだが、王政復古によって道は閉ざされた。彼らは理想の宗教国家を目指してイギリスを去り、アメリカの東海岸に辿り着き、その地に神の国を建てようとした。

その地は「ニュー・イングランド」地方と呼ばれており、アメリカでも政教一致的な色合いの強い土地柄である。筆者はこの地にある神学校で黙示録の修士論文に取り組んだが、キリスト者が自宅の掲揚塔に毎日国旗を掲げたり、礼拝堂の説教壇の横に大きなアメリカ国旗を掲げている教会があることに驚いた。

ピューリタンは終末にイスラエルの集団的回心があり、地上に千年王国が実現し、その後キリストが来臨するという「後千年期説」を信じていた。この説は再臨後には千年王国は無いという点で、無千年期説と同じである。[1]

バルトの終末論

十八世紀の啓蒙主義、十九世紀の進化論の影響を受けた「社会進化論」、そして社会の変革が福音であると主張する「社会福音」など、キリスト教終末論はますます現世主義的となった。二十世紀、悲惨な世界大戦によって、十九世紀の楽観的な「社会福音」は力を失い、Ｋ・バルトらによる弁証法神学、危機神学が起こった。しかしバルトはキリストの再臨を霊的な内的変革とする傾向が強く、「終末論」は、彼の神学の主要なテーマとはならなかった。

モルトマンの終末論

これに対しＪ・モルトマンは、一九六四年に『希望の神学』を出版し、一九九五年の『神の到来』に至るまで、一貫してキリスト教神学における終末論の重要性を主張した。モルトマンは終末の「希望」的側面を強調し、キリストの来臨による復活の恵み、歴史の完成を語る。

彼は一九四五年、広島に原爆が投下された時から世界は終末の時代に入ったと見ている。確かにそれ以後、人類が絶滅の危機にあるという点では終末的である。人類の歴史はその最終段階に入りつつある。それは適切な指摘であり、彼の終末論は重要な貢献をした。

前千年期説

このように四世紀以降、欧米のキリスト教終末論の主流は無千年期説だった。その終末論の特徴は、①開始された神の国の強調、②キリストの再臨の軽視、③現世主義である。

特にキリストの再臨については、初代教会の切望に対し、四世紀以降は軽視から無視へと大きく変化していった。

神の国がすでに来ているのか（無千年期説）、まだ来ていないのか（前千年期説）、千年王国は再臨の前なのか、それとも後なのか。どちらの説を採るかで、歴史観が大きく変わる。

前者は神の国の現在性、後者は神の国の未来性に注目した終末論である。それゆえ神学的には、無千年期説と前千年期説とは相補的であって択一的ではない。しかし黙示録の終末論、黙示録の解釈から導き出される終末論は、前千年期説であって無千年期説ではない。

黙示録の終末論

無千年期説と前千年期説については、四世紀から現代まで千六百年間の論争があり、論点は多岐にわたる。ここでは最も重要であると思われる一つの議論を検討する。

鍵となるのは黙示録20章1～6節であり、特に5、6節の「復活」（アナスタシス）の解釈である。殉教者と、「獣」との戦いに勝利した者たちが復活し（第一の復活）、千年間、王となる。もしこの「復活」（アナスタシス）が肉体の復活を意味するのであれば、それは未来の事件となる。すなわち前千年期説である。

「また私は多くの座を見た。彼らはその上に座し、裁きの権威が与えられた。また私は首をはねられた人たちの魂を見た。それはイエスの証しと神の言葉とのゆえである。また獣もその像も礼拝せず、額や手に獣の刻印を受けなかった者たちを見た。彼らは生き返り、キリストと共に千年の間、王となった」（黙20・4）

「残りの死者は千年が満ちるまで生き返らなかった。これが第一の復活（アナスタシス）である。幸いであり聖である。第一の復活（アナスタシス）にあずかる者は。彼らに対しては第二の死は権威を持たない。彼らは神とキリストとの祭司となり、キリストと共に千年間、王となるであろう」（黙20・5、6）

第一の復活（アナスタシス）

無千年期説は千年王国がすでに始まっていると主張する。それゆえ無千年期説ではこの語「アナスタシス」が過去に、すでに起こっていなければならない。すなわち霊的復活、①新生、回心（アウグスティヌス）か、または②キリスト者の魂が死後天へ上ること（フーケマ、ボエトナー）のどちらかである。

しかしこの語に、そのような用例はない。この語は新約聖書で四十二回用いられているが、そのうち三十八回は明らかに肉体の復活を意味している。

新約聖書では、黙示録以外に千年期への直接の言及はない。しかし無千年期説では肉体の復活はキリスト再臨時の一回だが、前千年期説では肉体の復活は二回ある。第一の復活（義人の復活）は千年期の初めであり、第二の復活（万人の復活）は千年期の終わりである。それゆえ福音書や書簡に第一の復活（信者の特別な復活）への言及があるなら、それは前千年期説を示唆している。

以下の用例は、「第一の復活」に言及していると思われる。イエスは言われた。

「あなたは、義人の復活のときに、お返しを受けるのです」（ルカ14・14）

「次の世に入るのにふさわしく、死んだ者の中から復活するのにふさわしいと認められた人たちは、めとることも嫁ぐこともありません」（ルカ20・35）

パウロも書いた。

「私は、キリストとその復活の力を知り、キリストの苦難にもあずかって、キリストの死と同じ状態になり、何とかして死者の中からの復活（エクサナスタシス〔アナスタシスの強調形〕）に達したいのです」（ピリピ３・10、11〔括弧内著者〕）

アナスタシスは肉体の復活

二つの用例がやや比喩的だが、これらも信者の霊的復活を意味してはいない。

「この子（イエス）は、イスラエルの多くの人が倒れたり立ち上がったりする（立ち上がり〔アナスタシス〕の）ために定められ、また、人々の反対にあうしるしとして定められています」（ルカ２・34〔括弧内著者〕）

「わたし（イエス）はよみがえり（復活）です。いのちです。わたしを信じる者は死んでも生きるのです」（ヨハネ11・25〔括弧内著者〕）

そして黙示録20章５、６節が最後の用例である。「アナスタシス」はそれまで一度も霊的復活の意味で用いられていないのに、最後の用例でそのように解釈しなければ成り立たないような終末論は、聖書釈義的には不可能である。

開始された終末論

筆者は日本でこのような結論に達し、一九九三年に渡米した。黙示録の修士論文の指導教官のビール師は無千年期説に基づき「開始された終末論」(inaugurated eschatology) を強調していた。クリスマス前の最後の授業でこの説を強調し、新天新地はすでに始まっていると熱弁をふるわれるので、筆者は挙手し黙示録20章5、6節のアナスタシスの解釈はどうなるのかと質問した。数回のやりとりの後、沈黙が支配した。授業の後、教授と話すと、それこそが無千年期説の最も弱い点だと率直に認められた。

その時からビール師は筆者を生徒ではなく、研究者として遇してくれた。帰国時には刊行前の千四百頁の黙示録注解書のフロッピーディスクを手渡し、それを使ってイギリスのボウカムの下で博士論文を書くように勧めてくれた。学恩に感謝する。

しかしいかに組織神学的に魅力的な終末論であっても、釈義的に成り立たない説を支持することはできない。それゆえ無千年期説に基づき「開始された終末論」だけで聖書の終末論を語ることはできない。

第2節　「近づいた」神の国

イエスの宣教

黙示録の終末論は前千年期説である。まだ来ていない神の国、神の国の未来性を強調している。そしてその未来の王国の前の苦難の時代（患難期）に備えるよう警告している。
黙示録の終末論を見る前に、福音書の終末論、イエスの語られた「神の国」とはどのようなものなのかを見てみよう。イエスは宣教活動の最初に宣言した。

「時が満ち、神の国が近づいた。悔い改めて福音を信じなさい」（マルコ1・15）

神の国は「来た」のではなく「近づいた」のである。「近づいた」（エーンギケン）は「近い」（エンギュス）の動詞形「近づく」（エンギゾー）の完了形であり、新約で十四回出て来る。「神の国が近づいた」はイエスの福音、宣教の核心である。イエスは「神の国が近づいた」と宣べ伝えるよう、十二使徒また七十二人の弟子たちに命じた（（ ）内は直訳、以下同じ）。

「イエスはこの十二人を遣わす際、彼らにこう命じられた。……行って、『天の御国が近づいた』と宣べ伝えなさい」（マタイ10・5、7）

「（イエスは七十二人の弟子に）その町の病人を癒やし、彼らに『神の国があなたがたの近くに来ている〔あなたがたに神の国が近づいた〕』と言いなさい（と命じた）」（ルカ10・9〔括弧内著者〕）

それはバプテスマのヨハネの宣言でもある。

「バプテスマのヨハネが現れ、ユダヤの荒野で教えを宣べ伝えて、『悔い改めなさい。天の御国が近づいたから』と言った」（マタイ3・1、2）

まだ来ていない

神の国は「来た」のではない。「近づいた」のである。「来た」と「近づいた」との違いは二つの用例から明らかになる。ユダは裏切りのためにイエスに「近づいた」。

「見なさい。わたしを裏切る者が近くに来ています〔近づいた〕（エーンギケン）」（マルコ14・42〔括弧内著者〕）

ユダはすぐ近くに来ているがまだ到着していない。
また七〇年のエルサレムの滅亡も「近づいた」。

「エルサレムが軍隊に囲まれるのを見たら、そのときには、その滅亡が近づいた（エーンギケン）ことを悟りなさい」（ルカ21・20）

軍隊に囲まれたエルサレムは、滅亡寸前ではあるがまだ滅亡してはいない。

来臨が近づいた

「近づいた」（エーンギケン）の他の八回の用例のうち三回は終末に関わる。
ヤコブは言う。主の来臨が近づいたと。

「あなたがたも耐え忍びなさい。心を強くしなさい。主が来られる時が近づいているか

らです〔主の来臨が「近づいた」からです〕」（ヤコブ5・8〔括弧内著者〕）

ペテロは言う。万物の終わりが近づいたと。

「万物の終わりが近づきました〔近づいた〕。ですから、祈りのために、心を整え身を慎みなさい」（Ⅰペテロ4・7〔括弧内著者〕）

パウロは言う。昼が近づいたと。

「夜は深まり、昼は近づいて来ました〔近づいた〕。ですから私たちは、闇のわざを脱ぎ捨て、光の武具を身に着けようではありませんか」（ローマ13・12〔括弧内著者〕）

キリストの再臨によって万物が終わり〔完成し〕、救いが完成する。その日は「近づいた」がまだ来ていない。

神の国は「来ている」

イエスは神の国が「来ている」とも宣言した（マタイ12・28、ルカ11・20）。

「しかし、わたしが神の御霊によって悪霊どもを追い出しているのなら、もう神の国はあなたがたのところに来ている〔来た〕のです」（マタイ12・28〔括弧内著者〕）

そしてこの宣言を強調して神の国は「すでに来ている」と「開始された終末論」は主張する。しかしこの言葉が語られた文脈が重要である。これはパリサイ人の批判「悪霊どものかしらによって悪霊どもを追い出している」への反論である（ルカ11・20も同じ）。

「この人（イエス）が悪霊どもを追い出しているのは、ただ悪霊どものかしらベルゼブルによることだ」（マタイ12・24〔括弧内著者〕）

これに対しイエスは、悪霊ではなく聖霊による神のわざである。聖霊は今ここで働いている。それゆえ「神の国は来ている」と答えた。

批判に対する反論として語られた言葉と、福音の核心としての宣言「神の国は近づいた」とは重要度が大きく異なる。

すぐ近く

「近づいた」は完了形である。すなわちすでに「すぐ近くまで」来ている。その兆しは明らかであり、すでに始まりつつあり、その前味を味わうことができる。しかしまだ完全には来ていない。

イエスが地上に来られたとき、イエスのおられたところ、そこが神の国であり、そこに神の国が実現していた。しかしイエスが捕らえられ、死刑を宣告されたとき、弟子たちは去っていった。神の国はまだ完全には来ていなかった。

その後、イエスは復活して天に昇り、聖霊が降され弟子たちは変えられた。ペンテコステの聖霊降臨から神の国は力強く前進した。

神の国の「国」とは「バシレイア」であり、支配、また支配の及ぶ領域を意味する。神の「支配」は、すでにイエスによって実現し始めている。またその後の聖霊の降臨によって、全世界を変えつつある。

しかしそれでも「神の国は近づいた」のであり「来た」のではない。

この世の神

まだ神の国が完全にこの地上に来ているわけではない。世界のすべてが神の国となったわけではない。偽りの王権、権力が闇の力として地上を支配し、さまざまな嘆き、悲しみ、苦しみ、叫び、涙がこの地上に満ちている。

キリストの再臨によって「この世の神」（悪魔〔Ⅱコリント4・4〕）が滅ぼされ、すべてが新しくされ、神が唯一となり、全世界に神の栄光が現されたとき、神の国が「来た」と宣言される。

神の国がまだ完全には来ていないことは、ローマ帝国の迫害の中にあった初代教会には明らかだった。

時が近い

「近い」（エンギュス）は「近づいた」（エーンギケン）の語源であり、終末論において重要である。

「木の芽が出ると、それを見て、すでに夏が近いことが、おのずから分かります。同じように、これらのこと（終末のしるし）が起こるのを見たら、あなたがたは神の国が近

いことを知りなさい」（ルカ21・30、31〔括弧内著者〕）

キリストは戸口にまで近づいている。

「これらのこと（終末のしるし）をすべて見たら、あなたがたは人の子が戸口まで近づいている〔戸口に近い〕ことを知りなさい」（マタイ24・33〔括弧内著者〕）

その時は「近い」。黙示録は告げる。

「幸いである。この預言の言葉を朗読する者、またそれを聞いて、そこに書かれていることを守る者たちは。時が近いから」（黙1・3）

「この書の預言の言葉を封じるな。時が近いからである」（黙22・10）

その時はさらに近づいている〔より近い〕（近いの比較級）。しかしまだ来てはいない。

「あなたがたが眠りからさめるべき時刻が、もう来ているのです。私たちが信じたとき

よりも、今は救いがもっと私たちに近づいている〔私たちにより近い〕のですから」（ローマ13・11）

それゆえ「近づいた」を「来た」と同じ意味であるとし、「すでに実現した」終末論、「開始された」終末論のみで聖書の終末論を語ることはできない。

七〇年の滅亡

多くの「開始された終末論」では、マタイ24章のイエスの終末預言はすべて紀元七〇年のエルサレム陥落において成就したとする。

確かにイエスの預言は七〇年のエルサレム陥落で部分的に成就した。六六年のユダヤ独立戦争の結果、エルサレムはローマ軍によってほぼ「三年半」包囲され七〇年に陥落し、国家は消滅し、イスラエルの民は全世界に散らされ、流浪の民となった。ルカは預言した。

「エルサレムが軍隊に囲まれるのを見たら、そのときには、その滅亡が近づいたことを悟りなさい」（ルカ21・20）

イエスの警告

しかしイエスの終末預言は七〇年ですべて成就したわけではない。第3章で見たように、以下の三つの預言はまだ成就していない。

①再臨直前の大きな苦難の時代

「そのときには、世の始まりから今に至るまでなかったような、また今後も決してないような、大きな苦難がある」（マタイ24・21）

②根源的変革

「太陽は暗くなり、月は光を放たなくなり、星は天から落ち、天のもろもろの力は揺り動かされます」（マタイ24・29）

「太陽は毛の荒布のように黒くなり、月は全体が血のようになった。天の星が地に落ちた。それはいちじくが大風に揺さぶられて青い実を振り落とすようだった。天は巻き物

が巻き取られるように消え去り、すべての山と島はその場所から移された」（黙６・12〜14）

「天は燃え崩れ、天の万象は焼け溶けてしまいます」（Ⅱペテロ３・12）

③キリストの再臨

「そのとき、人の子のしるしが天に現れます。そのとき、地のすべての部族は胸をたたいて悲しみ、人の子が天の雲のうちに、偉大な力と栄光とともに来るのを見るのです」（マタイ24・30）

「私は天が開かれているのを見た。見よ。白い馬がいる。それに座す方は『忠実また真実』と呼ばれ、義をもって裁き戦われる」（黙19・11）

「主イエスが、燃える炎の中に、力ある御使いたちとともに天から現れる」（Ⅱテサロニケ１・７）

イエスは、世の終わりのしるしを示し、目を覚まして、大きな苦難の時代に備え、歴史の完成の時、キリストの再臨を待ち望むよう警告した。ペテロやパウロも同じ警告を語り、ヨハネは黙示録においてその警告を幻によって示した。

これらは単なる「比喩的表現」ではないし、「たとえ」でもない。やがて起こる歴史的事件である。

比喩的解釈

これらの終末預言が七〇年に完全に成就したのなら、①大きな苦難の時代、②根源的変革、③再臨は文字通りではなく「高度に比喩的な表現」となる。
③のキリストの再臨は再臨ではなく初臨を意味するとN・T・ライトは言う。

「それゆえ『人の子が雲に乗って来る』（マタイ24・30）とイエスが語ったとき、彼は再臨の話をしたのではなかった。……これらのたとえ話は、イエスの再臨についてではなく、最初の来臨のことだったのである」（『驚くべき希望』二一八、二一九頁）

そして文字通りのキリストの「再臨」を否定する。

「イエスが『やって来る』とは宇宙人のように空から下りて来ることだ、という考えを払

拭する」（同書、二三二頁）

さらに再臨に伴う文字通りの「携挙」も否定する。

「『空中で出会う』とは文字通りの記述ではなく、高度に比喩的な表現である」
「これは何重にも込められた高度な隠喩的修辞の典型例である」（同書、二二九頁）

②の「根源的変革」も文字通りには起こらない。それゆえこの世界は終わらない。宇宙的な根源的な変革による新天新地はないとライトは言う。

「『神の国』の到来は世界が終焉を迎えることとは何の関係もない」（『新約聖書と神の民』（上）新教出版社、二〇一五年、五〇五頁）
「世界の終焉ではなく、現在の世界の秩序の終焉」である（同書、五二七頁）。
「エルサレム陥落と神殿の破壊を示すために、世界の終わりを表すような言語が用いられている」（『シンプリー・ジーザス』あめんどう、二〇一七年、三〇八頁）

しるしはない

七〇年成就説によれば、すべての終末預言は紀元七〇年に成就し、患難期は七〇年で終わっているので、人類の未来に大きな苦難の時はない。それゆえ今起こっているあらゆることは患難期とは関わりがないし、終末のしるしでもない。

すなわちイエスが、パウロが、ヨハネが警告した終末のしるしはすべて過去のものなので、現在起こっている出来事とは何の関係もない。コロナ禍という疫病は終末のしるしではないし、戦争、地震、ききん、にせ宗教などもすべて「終末のしるし」ではない。

そうだろうか。では私たちは何のために聖書を読むのだろうか。現在進行中の出来事への洞察を深め、この危機的な現代世界にあっていかに生きるべきか、その指針を求めてではないのだろうか。

これに対しＪ・パイパーはコロナ禍を終末のしるしと見て、その警告に耳を傾けるよう訴えている（『コロナウイルスとキリスト――未曾有の危機に聖書を読む』いのちのことば社、二〇二〇年）。

預言の頂点

七〇年完全成就説は、黙示録の解釈を大きく歪める。イエスの終末預言がすべて七〇年で成就しているのなら、九〇年代に書かれた黙示録の幻は、未来に起こる歴史上の事件の預言ではない。すなわち黙示録は人類の未来について語る書ではなくなる。

これは、黙示録の預言は未来に成就するという未来主義的解釈の完全な否定であり、黙示録は過去に成就したとする過去主義的解釈、全体を霊的、象徴的に理解する象徴主義的解釈の最も極端なものである。

これは誤りである。なぜなら預言は常に現在の世界への鋭い警告を語っているからである。黙示録は新約唯一の預言の書であり、聖書預言の頂点である。

王となられた

黙示録によれば再臨直前の患難期には、この世は「獣の国」（黙16・10）となる。

神が全地の王となり「この世の国」（バシレイア）がすべて神のものとされるのは、第七のラッパが吹かれた時、すなわちキリストの再臨の時である。そのとき天の大きな声が言う。

「この世の国は私たちの主およびそのキリストのものとなった。
主は世々永遠に王となる」（黙11・15）

そのとき二十四人の長老も言う。

「あなたに感謝します。主なる神、全能者、今おられ、かつておられた方。あなたはその大いなる力を働かせて王となられたからです」（黙11・17）

キリストの来臨によって大バビロンが滅ぼされたとき、天の大群衆は言う。

「ハレルヤ。王となられた。主なるわれらの神、全能者が」（黙19・6）

来たりつつある

キリストは今「来たりつつある」。「見よ。わたしはすぐに来る〔来たりつつある〕（エルコマイ）」（黙22・7、12、20）

そして戸口にまで近づいている。神の国もまた、近づいてその戸口にまで来ている。しかしまだ来てはいない。イエスがその戸口から家の中に入り、すべてを光と霊で満たす日が近づいている。

その日を待ち望みつつ、私たちは「来てください。主イエスよ」（黙22・20）と祈る。

永遠の王国

キリストの王国は「この世のものではない」。

「わたし（イエス）の国はこの世のものではありません。もしこの世のものであったら、わたしのしもべたちが、わたしをユダヤ人に渡さないように戦ったでしょう。しかし、事実、わたしの国はこの世のものではありません」（ヨハネ18・36〔括弧内著者〕）

この世の栄光は悪魔に任されているからである。

「悪魔はイエスを高いところに連れて行き、一瞬のうちに世界のすべての国々を見せて、こう言った。『このような、国々の権力と栄光をすべてあなたにあげよう。それは私に任されていて、だれでも私が望む人にあげるのだから』」（ルカ４・５、６）

パウロが殉教を前に見つめていたのはこの世の王国でない「永遠の王国」だった。

「（キリスト・イエス）の現れとその御国〔王国〕を思いながら、私は厳かに命じます。……主は私を、どんな悪しきわざからも救い出し、無事、天にある御国〔王国〕に入れてくださいます」（Ⅱテモテ4・1、18〔括弧内著者〕）

ペテロも殉教を前に書き送った。「イエス・キリストの永遠の御国〔王国〕に入る恵みを、豊かに与えられるのです」（Ⅱペテロ1・11〔括弧内著者〕）と。

私たちが目指すのはこの世の国ではない。

「（天の）揺り動かされない御国〔王国〕」である（ヘブル12・28〔括弧内著者〕）。

時が満ちた

旧約の長い備えの時を経て「時が満ち」キリストが天から地に来られた。

「時が満ちて、神はご自分の御子を、女から生まれた者、律法の下にある者として遣わされました」（ガラテヤ4・4）

バプテスマのヨハネは神によって遣わされ「神の国が近づいた」と語り、キリストの到来のための道を備えた。イエスは天から来て言われた。

「時が満ちて、神の国が近づいた」

「時が満ちて」キリストは再び天から地に来られる。

「時が満ちて計画が実行に移され、天にあるものも地にあるものも、一切のものが、キリストにあって、一つに集められる」（エペソ１・10）

旧約の時が満ちて、キリストが天から地に来られた。
新約の時が満ちて、再びキリストが天から地に来られる。
二十一世紀、初臨から二千年経ち、新約の時が満ちようとしている今、私たちは「神の国が近づいた」と宣言し、キリストの再臨のための「道をまっすぐにする」。

神の国が来るように

主の祈りにおいて、私たちは「御国〔あなたの王国（バシレイア）〕が来ますように」（マタイ

6・10〔括弧内著者〕）と祈る。それは今ここに神の支配（バシレイア）があるようにという祈りであるとともに、イエスが再臨され神の国が完全に現されるようにという祈りでもある。それは「神の国が近づいた」というイエスの宣言への応答である。

第3節　教会と国家

再臨を待ち望む

神の国の現在性を強調する無千年期説は四世紀から始まったことを本章の第1節で見た。それは欧米キリスト教世界における終末論の主流となり、その流れの中で「開始された終末論」また「終末預言七〇年成就説」が主張されている。

さらにはその極端な形として、再臨はない、携挙もない、再臨前の終末のしるしもない、世界は終わらない、新天新地もないという説が二十一世紀になって主張され、強い影響を与えている。

神の国の現在性を強調し、最終的な勝利を確信して今ここで神の国の前進のために労することとは重要である。しかしそれはキリスト教終末論の一面でしかない。

神の国は「近い」がまだ来ていない。神の国の未来性、その完全な実現を待望する信仰、キリストの再臨を待ち望む信仰がより重要である。

二つの国葬

終末論の形成には、教会と国家の関係が大きな影響を与える。国家から迫害されていた三世紀までの初代教会の終末論が前千年期説であり、国家と一体化した四世紀以降の教会の終末論が無千年期説となったことにそれは表れている。

教会と国家の関係が日本と欧米では大きく異なる。二〇二二年に日本とイギリスで行われた二つの国葬がそれを示している。

イギリスでは教会の首長であるエリザベス女王の葬儀がウエストミンスター寺院で行われ、全世界に放映された。神への礼拝としての葬儀では女王の遺影はどこにもなかった。首相が聖書を朗読し、賛美歌が歌われた。キリスト教がイギリスの国教であることを強く印象づけられた。

それに対し日本では安倍元首相の葬儀が批判を受けつつも国葬として行われ、無宗教の名のもとに巨大な遺影が式場正面に掲げられ、故人への賛辞が次々と語られた。日本の教会がこれから歩む道の険しさを思わせる葬儀だった。

日本とイギリス

それゆえ対照的な二つの国、日本とイギリスの教会の歴史を比較しつつ、それぞれの特徴を知り、これからの時代、新しい時代における終末論のあり方を考えよう。

筆者はイギリス滞在中、二年間英国国教会の礼拝に出席した。毎日曜の夕方に青年伝道のための集会がもたれるという福音的な教会であり、大きな霊的恵みを受けた。特に長い歴史の中で練り上げられた式文の文章の力強さ、美しさに感銘を受けた。

しかし教会と国家の関係が日本の教会とは大きく異なっていることに気づかされた。まずイギリスの教会の歴史を概観しよう。

英国国教会

十六世紀の宗教改革によってローマ・カトリック教会の権威が揺らぎ始めたとき、イギリスではヘンリー八世の離婚問題に端を発したローマとの確執の結果、一五三四年に首長令（国王至上法）が制定された。教会の首長はローマ教皇ではなくイギリス国王であると宣言し、国王が教会の権威の頂点となったのである。

四世紀以降、ヨーロッパでは教会と国家が一体化した社会体制が形成されたが、教会の権威という特異なシステムを持つChurch of England（英国国教会）が誕生した。世俗の王が教会の権威の頂点となるの頂点は常にローマ教皇であった。しかしイギリスでは、世俗の王が教会の権威の頂点となる

大英帝国とキリスト教

キリスト教を国教とする大英帝国は、十八世紀の産業革命の進展とともに世界に進出し、七つの海を支配し、キリスト教を全世界に広めた。

十九世紀以降イギリスから数多くの宣教師が世界に遣わされ、福音が宣べ伝えられた。インドにはケアリーが遣わされ、中国奥地ではハドソン・テイラーが宣教を開始した。パプア・ニューギニアでは聖書翻訳が着実に進められた。キリスト教国家イギリス、そして世界への拡大とともに英連邦が生まれ、福音が宣教された。第6章第3節「キリスト教国による戦争」で指摘したように、武力による殺戮、植民地支配による原住民の隷属化などの問題はあるが、キリスト教の世界宣教という点では貢献をした。

一九二〇年に最大領域であった英連邦は二つの世界大戦を経て衰退したが、二〇二三年でも加盟国五十六か国、総人口は二十五億人である。

イギリスと日本

イギリス	日本
1517　宗教改革	1549　ザビエル日本へ、キリシタン
1534　英国国教会	
首長令（国王が首長）	1587　秀吉のバテレン追放令
	長崎二十六聖人の殉教
1600　東インド会社	1614　徳川幕府による禁教令
1770　産業革命	1865　信徒発見（世界宗教史上の奇跡）
1840　アヘン戦争	1867　浦上四番崩れ（664名が殉教）
1842　南京条約（香港割譲）	1873（明治6年）禁教の解除
	280年間の迫害
1877　インド帝国	
1899　南ア戦争	1891　内村鑑三・不敬事件（教育勅語）
1914　第一次世界大戦	1918　内村鑑三・再臨運動（中田重治）
1931　イギリス連邦	
1939　第二次世界大戦	1941　真珠湾攻撃
	1942　ホーリネス弾圧事件
	大日本帝国憲法
1949　ＮＡＴＯ	1946　日本国憲法、信教の自由
2022　エリザベス女王国葬	
2023　チャールズ国王戴冠式	2012　自民党改憲草案、神社非宗教論
（ウェストミンスター寺院）	2021　神道政治連盟・国会議員　295名
	2022　安倍元首相国葬　国家神道の復権

ローマ帝国と大英帝国

ローマ帝国の支配は広大ではあっても、ヨーロッパを中心にした地中海世界に限定されていた。しかし大英帝国の支配は地球全体に及び、世界の四分の一に及ぶ巨大な帝国だった。人類史上最大のキリスト教帝国である。

ギリシア語が一世紀の地中海世界の共通語となったが、二十一世紀では英語が全世界の共通語となっている。

「開始された終末論」（無千年期説）が主流となっているのも、四世紀以降のローマ帝国のキリスト教と、大英帝国のキリスト教に共通している。

キリシタン迫害

日本の教会は欧米のキリスト教社会とは異なる道を歩んできた（第7章第2節「迫害と証言」）。教会は、十六世紀の秀吉の弾圧による長崎二十六聖人の殉教、江戸時代の苛酷なキリシタン迫害、明治政府の国家神道による弾圧、戦時中のホーリネス弾圧など国家による強い圧力を受けてきた。

戦後、日本国憲法により信教の自由が保証されたが、八十年近く経った今、国家神道の復権という厳しい状況の中にある。

迫害と教会

しかしこれは見方を変えれば、日本の教会の強みでもある。キリスト者が一%ほどであり、異教の文化、政治的圧力の中で、少数者として証言を続けるというあり方は、三世紀までの初代教会と共通しているからである。

私たちには初代教会のおかれた状況を追体験しつつ、新しい終末論、患難期の終末論を構築する可能性があるのではないだろうか。

新しい流れ

二十一世紀になり、非欧米の教会がキリスト者の数でも派遣宣教師の数でも、欧米の教会を超えたと言われている。歴史の流れが大きく変わりつつあるのではないだろうか。

非欧米の世界では、多くの教会が国家による弾圧、迫害の中で苦しみつつ、少数者として戦っている。

患難期の神学

患難期とは国家が獣化していく世界であり、世界戦争、にせ情報、富の極度な集中によって世界が暗黒化していく。「獣」「にせ預言者」「大バビロン」が支配する時代である。教会には、獣化していく国家に警鐘を鳴らす預言者的役割が求められている。

国家と一体化した「国教会」が国家を批判することは難しい。国家と鋭く対峙する独立教会こそが預言者的使命を果たすことができる。

また患難期には「不法の者」（Ⅱテサロニケ２・８）が地を支配するので、社会に大きな変化が起こる。

現代の危機

二十一世紀の現在、人類の歴史上かつてない事態が生じていることを第2部で見た。政治、軍事、情報、経済の各分野において大きな変化が起こっている。

これは陰謀論や不安を煽るデマなどではない。専門家たちが現代世界を冷静に鋭く分析し導き出した結論である。核戦争、生成ＡＩ、富の集中、地球沸騰化など、二十一世紀になり、特に二〇二〇年代以降、地球規模の危機が深刻化している。

現代世界は苦しみに満ちている。二つの戦争が憎しみを増幅させ、難民となった人々は国を追われ、気候危機は深刻な自然破壊をもたらし、それによる飢餓も広がりつつある。富の異常な集中は生活困難なまでの貧困を生み、国家による弾圧の中で発言を封じられ、人々の自由は奪われている。AIの急速な進化、SNSの普及、フェイク画像の拡散によって、何が真実であるのか見分けることが難しくなっている。

このような現代世界の変化に「時のしるし」を読み取るなら、私たちは今、患難期の入り口に立っているのではないだろうか。人類の歴史の最終段階である患難期が近づきつつあるのではないだろうか。

このような歴史の最終段階、「緊急時」のための神学、終末論を確立することが今、私たちに求められている。

患難期の軽視

しかし四世紀以降今日まで、再臨直前の患難期が、教会が通るべき重要な期間として注目されることはほとんどなかった。

たとえばJ・モルトマン『神の到来——キリスト教的終末論』は優れた書だが、彼はこの書において再臨直前の患難期について全く言及していない。なぜだろうか。

神の国の現在性を強調する無千年期説の終末論では、神の国の勝利が強調され、地上での苦難や試練が軽視されるからである。

Ｎ・Ｔ・ライトの影響を受けた終末論では、再臨直前の患難期は全く無視されている。世界は徐々に良くなっていき、教会の黄金時代を経てキリストが再臨するという、きわめて楽観的、非現実的な終末の見取り図が示されている。

あたかも「畑」に「毒麦」は蒔かれず、「麦」だけが成長しているかのような終末論である。このような一面的な歴史観では、繁茂しつつある「毒麦」の力に抗することはできない。

アウグスティヌスの警告

四世紀のアウグスティヌスは、無千年期説の創始者の一人だが、注目すべきことに、彼は終末の苦難の時代に備えるよう警告している。

アウグスティヌスの『神の国』は、四一二〜四二六年、五十九〜七十三歳、十四年かけて完成した。このときローマ帝国は滅亡への道を歩みつつあった。すでに四一〇年、帝国は西ゴート族によって攻略され、放火と殺戮に苦しんでいた。

アウグスティヌスが四三〇年に七十六年の生涯を終えたとき、司教として労した北アフリカの町ヒッポは、ヴァンダル族に包囲され、避難民であふれていた。このような歴史の転換期に、アウグスティヌスは地上における「神の国」と「地の国」の相克を描き、壮大な歴史神学を構築した。

無千年期説では、千年期の終わりにキリストが再臨する。それゆえ千年期の終わりに起こるゴグ・マゴグの戦いと、キリストの再臨によって起こるハルマゲドンの戦いとは同じになる。アウグスティヌスはこのゴグ・マゴグの戦いに注目する。

通常、無千年期説を主張する人々は、千年期の終わりの終末的戦いを無視する。しかしアウグスティヌスは異なる。彼は人類の歴史の最後に起こるサタンの迫害に注目し、その戦いに備えるよう警告する。

なぜなら彼は歴史的な苦難の時代、異邦人の侵攻によるローマ帝国の滅亡という激動の時代に生きていたからである。彼は無千年期説を提唱したが、世界は徐々に良くなっていく、終末的苦難はないなどという楽天的な史観は持っていない。厳しい歴史的現実に直面しつつ、その意味を聖書から思索し、『神の国』を書き上げた。

この終末的な世界最終戦争は次のように記されている。

「千年が終わると、サタンはその牢から解放され、出て行って地の四方の諸国民ゴグとマゴグを惑わし、彼らを戦いのために集める。彼らの数は海の砂のようである。彼らは地の広い所に上り、聖徒たちの陣営と愛されている都とを包囲した。すると火が天から下り、彼らを焼き尽くした。彼らを惑わした悪魔は、火と硫黄の池に投げ込まれた」（黙20・7～10）

「三年半」の迫害

アウグスティヌスは書いた。

この終末的苦難の時代についての警告が与えられているのは、「悪魔のあらゆる奸計と狂暴をきわめて懸命に警戒し、またきわめて忍耐強く耐える」（『神の国』20巻8章）ためである。

彼によれば「三年六ヶ月の間」に「悪魔が解放され、自分と一族の全力をあげて荒れ狂う」（同20巻8章）。「悪魔がそれまで決して持たなかったほどの力を受け取り」（同20巻19章）、「憎悪の隠れ家からあからさまな迫害へと突進する」（同20巻11章）。

それゆえ「最後の審判のまぎわに……キリストの国全体が悪魔の国全体によって……地上の全域で」「最後の迫害」をこうむる（同20巻11章）。

患難期の目的

アウグスティヌスはこの終末的苦難の時代の目的について述べる。

それは「全能なる神が悪魔の重大な悪をいかによく用いるか」（同20巻8章）を知るため、「悪魔の外部的な攻撃によって聖徒たちが進歩するため」、「神の国がいかに強力な敵対者に打ち勝ったかを見、また同時にその贖罪者、援助者、解放者の偉大な栄光を見るため」（同20巻8章）である。

しかしこのような警告は忘れ去られ、神の王国の勝利のみが強調されるようになった。

新しい宗教改革

この終末的苦難の時代には、四世紀以降の勝利主義的な終末論は役立たない。神の国がすでに来たことのみを強調する「開始された終末論」はこの終末的苦難の現実に対して語る言葉を持たない。終末的な苦難が軽視、無視、否定されているからである。

私たちは三世紀までの初代教会の終末論、一世紀の黙示録の終末論に立ち帰らなければならない。それは前千年期説、後患難期説の終末論である。

初代教会に立ち帰るという点では、これは宗教改革である。十六世紀の宗教改革では、教会論、救済論、聖書論において画期的な変革がなされた。そして初代教会の信仰の息吹が復活した。

二十一世紀の現代、終末的危機の時代には新しい宗教改革が求められている。十六世紀にはなしえなかった終末論の宗教改革である。

人類史の最終段階である患難期に備えて、初代教会の再臨待望の熱意を復活し、新しい終末論を構築しなければならない。

十字架と復活の終末論

それは「復活」の終末論ではなく、「十字架と復活」の終末論である。苦難の中の栄光の神学、暗黒の中の希望の神学である。黙示録はその希望を幻によって示している。

第4節　患難期の終末論

患難期と千年期の対比

黙示録では苦難の患難期は勝利の千年期と対比されている。この対比に注目して黙示録を読むと、終末論のみならず、黙示録の神学の理解に新しい光が当たる。

患難期と千年期はキリストの十字架の苦難と復活の勝利に対応している。キリストの復活の勝利には十字架の苦難が不可欠であったように、千年期、新天新地の勝利には患難期の苦難が不可欠である。

これまでの千年王国論争は、終末論としての一貫性という組織神学的な議論か、黙示録20・1~6の詳細な釈義的な議論かであった。しかしより重要なのは黙示録全体における「千年」の王国の位置づけである。祝福の「千年期」は苦難の「患難期」と対比されている。天の王国と地の王国が空間的に対比されているように、キリストの来臨直前の「患難期」の苦難と、直後の「千年期」の王国とが時間的に対比されている。

H・ベルコフ

この対比についてはこれまでの黙示録研究においてはほとんど言及されておらず、筆者の博士論文によって初めて明らかにされた。

H・ベルコフは、キリストの十字架と復活こそが歴史の意味を明らかにすると言う。実に的確な指摘である。彼によれば、キリストの十字架の苦難がその極みに達するのは患難期であり、復活の勝利がその頂点に達するのは新天新地である。しかし黙示録では、患難期と対比されているのは、新天新地ではなく千年期である[2]（ベルコフは無千年期説を採る）。

「三年半」

再臨直前の苦難の時代の期間は、黙示録において極めて重要である。黙示録では千年王国についてはは20章の１〜６節でしか言及されていない。しかし終末的苦難の時代については黙示録11〜13章で五回言及される。

「聖なる都を彼らは四十二か月の間、踏みにじるであろう」（11・２）
「わたしの二人の証人は千二百六十日の間、荒布を着て預言する」（11・３）
「そこ（荒野）で女は千二百六十日の間、養われる」（12・６）
「女はそこで一時、二時、また半時の間、蛇の前を離れて養われる」（12・14）
「この獣には……四十二か月の間、活動する権威が与えられた」（13・５）

「四十二か月」（11・２、13・５）、「千二百六十日」（11・３、12・６）、「一時と二時と半時の間」（12・14）と呼ばれているが、一年を三百六十日とするならどれも「三年半」になる。四つの邪悪な幻が活動する終末の苦難の期間である。

この期間について言及されているのは黙示録11〜13章の三章だが、黙示録６〜18章の全体がこの期間についての記述である。この記述の量の多さからも、患難期が千年期よりもはるかに重要な期間であることは明らかである。

この「三年半」も第4章で見たように三つのレベルで成就する。①同時代、②全時代、③終末の時代である。①黙示録が書かれた九〇年代、ローマ帝国の迫害によって教会はすでに「三年半」の苦難の時代を生きていた。またその後②現代までの全時代において、世界の各地でさまざまな形の迫害、証言、保護、殉教があった。そしてそのせめぎ合いの頂点として③キリストの再臨直前の大きな苦難の時代がある。今、論じているのは③終末の時代の「三年半」、キリストの再臨直前の大きな苦難の時代についてである。

「三年半」と「千年」との対比

患難期は再臨に至る過渡的な限定的期間であり、千年期は新天新地に至る過渡的な限定的期間である。両者は対比されている。その対比は、キリストの十字架の死と復活の勝利に対応している。

①サタンの活動と封殺

「三年半」はサタンが「激しく怒って」（黙12・12、17）、その手下である二匹の「獣」（黙13章）、

「大バビロン」（默17章）を使って「イエスの証しを保っている者たち」（默12・17）を攻撃するときだが、「千年」はサタンが縛られ底知れぬ所に投げ込まれ、その活動を封殺される時である。

②獣の王権とキリストの王権

来臨前の「三年半」には「獣」の偽りの王権が支配する。「竜」から王権を受けた「獣」（默13・2、7、15、17・12、17）と「大きな都」（17・18）・「大バビロン」とが王として地上に君臨する。

しかし「千年」期においてはキリストが「王の王、主の主」として来臨し、背信の王たちは消え去り、神の民は「多くの座」（默20・4）に着いてキリストと共に「王となる」（默20・4、6）。

③死と生命

「三年半」に「獣」の刻印を受けた者は「大バビロン」の富にあずかるが、「千年」には消え去り、やがて「第二の死」を宣告される。患難期に獣の民はつかの間の「生命」を得るが、千年期の最後に永遠の「死」を宣言される。

「三年半」に「獣」の刻印を受けない者は殺されるが（黙13・15）、千年期の初めに復活し（第一の復活）、永遠の生命を与えられる。

患難期と千年期が、キリストの十字架の死と復活に対応していることを鮮やかに示しているのはこの点である。黙示録11章で二人の証人（教会）は証言のゆえに殉教するが、彼らが十字架につけられたのは「彼らの主が十字架につけられた」都である（黙11・8）。そして三日半後に証人は復活し、天に上げられる。

④苦難と栄光

「三年半」の苦難の時代にキリストの十字架の苦しみにあずかった者は、「千年」の王国においてキリストの復活の祝福を受ける。キリストと「ともに」苦難を受ける者は、キリストと「ともに」栄光を受け、キリストと「ともに」神の国の相続人となる（ローマ8・17）。

私たちは「一時（三年半）」の「軽い患難」を耐え忍び、来臨のキリストと共に復活し、「千年」の祝福、さらに「比べものにならないほど重い永遠の栄光」を受ける（Ⅱコリント4・17）。

患難期と千年期の意味

患難期と千年期の対比に注目することによって、千年期の意味が明らかになる。再臨直前の患難期と直後の千年期、二つの過渡的な時代を経て新天新地が実現する。千年期は歴史の最終的な完成である新天新地へ向かうプロセスの一つである。

患難期はサタンが最後に荒れ狂う短い時「千二百六十日」であるが、千年期はサタンが縛られ平和な「千年」が実現する時である。両者は地上の歴史の最終局面であり、善と悪が混在している。

千年期の初めに「ハルマゲドン」の戦いがあり、「獣」と「にせ預言者」が火の池に投げ込まれる（黙19・20）。千年期においてサタンは縛られているが、まだ滅ぼされてはいない。千年王国の終わりにサタンは解放され、諸国の民を惑わし「ゴグ・マゴグ」の戦いを起こす。しかし敗北して火の池に投げ込まれる。


「彼らを惑わした悪魔は火と硫黄の池に投げ込まれた。そこには獣もにせ預言者もいる。彼らは昼も夜も世々永遠に苦しみを受ける」（黙20・10）

最終戦争はハルマゲドンの戦いではなく、ゴグ・マゴグの戦いである。この戦いにおいてサタンは火によって滅ぼされ、すべての悪は消え去る。

患難期と千年期までが地上の歴史である。新天新地は歴史の完成であり永遠に続く。千年王国はキリストの王国であり、新天新地は父なる神の国である。

「キリストはあらゆる支配と、あらゆる権威、権力を滅ぼし、王国を父である神に渡されます」（Ⅰコリント15・24）

逆説の王国

注意すべきことに、キリスト再臨直前の患難期と再臨後の千年期、新天新地とではキリストの王権の地上での現れが異なる。

確かに今、キリストは王としてこの地上の歴史のすべてを天から支配している。最終的にはキリストが再臨し、千年王国、新天新地において「王の王、主の主」であることが明らかにされ、神の栄光が全地に満ちる。終わりの日にキリストの真の王権が全被造物に明らかにされる。

しかしキリストの再臨まで地上では「獣の国」が存在しているので、神の王国は小羊の王国として逆説的に現される。

イエスは言われた。

「心の貧しい者は幸いです。天の御国はその人たちのものだからです。

悲しむ者は幸いです。その人たちは慰められるからです。
柔和な者は幸いです。その人たちは地を受け継ぐからです。
義に飢え渇く者は幸いです。その人たちは満ち足りるからです。
あわれみ深い者は幸いです。その人たちはあわれみを受けるからです。
心のきよい者は幸いです。その人たちは神を見るからです。
平和をつくる者は幸いです。その人たちは神の子どもと呼ばれるからです。
義のために迫害されている者は幸いです。天の御国はその人たちのものだからです」
（マタイ5・3〜10）

緊急時の終末論

キリストの再臨まで、キリストの王権は地上では逆説的に現れるが、再臨直前の患難期にはそれがいっそう顕著になる。

患難期の厳しい苦難の時代に比べれば、それまでの地上の歴史は「平時」とも呼べるほどである。平時にはキリストの王権は地上の世界のキリスト教化、社会の改革という形でも表れるが、患難期という「緊急時」には悪の支配のゆえに、苦難や迫害の中でキリストの王権は隠されたかのようであり、十字架が逆説的な勝利であったように、敗北に見える中に勝利がある。

屈辱の中に栄光がある。

パウロの逆説

苦難の中の栄光、死を超えた生命という十字架の神学、パウロはそのような逆説的な栄光の神学を生きた。

「私たちは人をだます者のように見えても、真実であり、人に知られていないようでも、よく知られており、死にかけているようでも、見よ、生きており、懲らしめられているようでも、殺されておらず、悲しんでいるようでも、いつも喜んでおり、貧しいようでも、多くの人を富ませ、何も持っていないようでも、すべてのものを持っています」（Ⅱコリント6・8〜10）

苦難の王国

キリストの王国は、患難期には苦難の王国として現れる。黙示録のヨハネは言う。

「私ヨハネはあなたがたの兄弟であり、イエスにある苦難、王国、忍耐を共にしている。私はパトモスと呼ばれる島にいた。神の言葉とイエスの証しのためである」（黙1・9）

地上の苦難は十字架の光に照らされて、その意義を明らかにする。小羊キリストが敗北に見えた十字架の死によって勝利したように、私たちも小羊の民として迫害と困難の中で、殉教によって勝利する。

「虜（とりこ）になるべき者は虜にされて行く。剣で殺されるべき者は剣で殺される。ここに聖徒たちの忍耐と信仰がある」（黙13・10）

「兄弟たちは彼（悪魔）に勝利した。小羊の血と自らの証しの言葉とによって。彼らは自らのいのちを愛さず死に至った」（黙12・11）

苦難の勝利

私たちは苦難と迫害の中で「圧倒的な勝利者」となる。パウロは書いた。

「だれが、私たちをキリストの愛から引き離すのですか。苦難ですか、苦悩ですか、迫害ですか、飢えですか、裸ですか、危険ですか、剣ですか。……しかし、これらすべてにおいても、私たちを愛してくださった方によって、私たちは圧倒的な勝利者です」（ローマ8・35〜37）

苦難と永遠

苦難によって、私たちは永遠の世界に眼が開かれる。

「私たちの一時の軽い苦難は、それとは比べものにならないほど重い永遠の栄光を、私たちにもたらすのです。私たちは見えるものにではなく、見えないものに目を留めます。見えるものは一時的であり、見えないものは永遠に続くからです」（Ⅱコリント4・17、18）

「重い永遠の栄光」とはどのようなものなのか。その詳細は次章で見るように黙示録21、22章で明らかにされる。黙示録は苦難の中の希望、苦難を超えた希望を力強く語る。十字架の苦難の中に復活の希望が輝いている。患難期は千年期・新天新地という究極の世界が実現するための「産みの苦しみ」の時代である。黙示録は苦難の中に輝く希望を明らかにする。

それゆえ黙示録は希望の書である。

第12章　新天新地

第1節　新しい天と地

キリストの来臨によって、万物は新しくされる。地上の患難期後のキリストの再臨、そして千年期を経て新天新地で歴史は完成する。

「初めの天と初めの地は過ぎ去り、もはや海もない」（黙21・1）

傷ついた世界は癒やされ、永遠のシャロームが全地を満たす。古い天地は過ぎ去り、一切は根源的に驚くべき変化によって新たにされ、この世界は終わり、神の栄光が万物を満たす。

根源的変化

部分的な変化ではなく根源的な大変化を経て新天新地は現れる。黙示録は預言する。

「太陽は毛の荒布のように黒くなり、月は全体が血のようになった。天の星が地に落ちた。それはいちじくが大風に揺さぶられて青い実を振り落とすようだった。天は巻き物が巻き取られるように消え去り、すべての山と島はその場所から移された」（黙6・12～14）

ペテロは語る。

「天は燃え崩れ、天の万象は焼け溶け」る（Ⅱペテロ3・12）

イエスは預言した。

「太陽は暗くなり、月は光を放たなくなり、

星は天から落ち、天のもろもろの力は揺り動かされます」（マタイ24・29）

これらは単なる「比喩的表現」ではない。天地創造をも超える新しい世界の新創造である。この現世との連続性はあるとしても、それを遥かに超えた全く新しい世界の出現である。天地創造が私たちの想像をはるかに超えているように、新天新地もまた、私たちの想像をはるかに超えている。

「目が見たことのないもの、
耳が聞いたことのないもの、
人の心に思い浮かんだことがないものを、
神は、神を愛する者たちに備えてくださった」（Ⅰコリント2・9）

エデンの園を超える

新天新地はエデンの園をはるかに超えている。エデンの園ではサタンの活動が許されていた。それゆえサタンは蛇となって人類を誘惑し堕落させ、その結果、全被造物が虚無に服した。しかし新天新地では、悪魔は「火と硫黄の池に投げ込まれ」（黙20・10）、滅ぼされている。

それゆえもはや悪や罪がない。堕落の可能性がない。新天新地は、エデンの園の「創造の回復」ではなく「万物の刷新」でもない。それは現在の世界とは全く異なる、新しい次元の、根源的に変革された、真に驚くべき新しい世界である。

新天新地では暗黒の力は一掃され、神の聖なる光が全地を満たす。それゆえ新天新地には「夜がない」（黙22・5）。

今すでに闇の中に真理の光が力強く輝き始めているが、やがて闇は完全に消え去り、永遠の栄光がすべてを照らす。

希望の総括

内村鑑三は書いた。

「キリストの再臨はその一面は万物の復興である。
また宇宙の改造である。また聖徒の復活である。また正義の勝利である。
また最終の審判である。また神政の実現である。
人類のすべての希望を総括したるもの、それがキリストの再臨である。
ゆえにこの事がわかって、すべてがわかるのである」

（『キリストの再臨を信ずるより来たりし余の思想上の変化』一九一八年）

第2節　新しい体

聖化と栄化

天と地が新しくされるだけではない。私たちの体も新しくされる。私たちは地上において、聖霊によって日々新しくされている。聖霊は汚れた私たちの心に来て、古いものを打ち破って新しい生命を与え、魂の闇に光をもたらし、頑なな心を砕いて人をキリストに似た者へと造り変える。

パウロは言う。

「主は御霊です。そして、主の御霊がおられるところには自由があります。私たちはみな、覆いを取り除かれた顔に、鏡のように主の栄光を映しつつ、栄光から栄光へと、主と同じかたちに姿を変えられていきます。これはまさに、御霊なる主の働きによるのです」（Ⅱコリント3・17、18）

内なる霊は日々新たにされているが、それが完成するのは復活の新しい体を受けたときである。私たちは日々の聖化の究極として、復活の栄光の体に変えられる。

復活の体

私たちは地上の歩みを終えると、肉の体を脱ぎ捨て天へ上げられる。しかしそれは救いの完成ではない。私たちは天で「白い衣」を与えられ、完成の日を待つ（黙６・11）。キリストが再臨するとき、地上の歩みを終え天にいる者は復活の体を与えられる。

「幸いであり聖である。第一の復活にあずかる者は。彼らに対しては第二の死は権威を持たない」（黙20・６）

そして再臨のとき生きている者は天に上げられ（携挙され）、空中で主と会い「一瞬のうちに」新しい体に「変えられ」（Ⅰコリント15・52）、地上に戻ってくる。

新しい体に変えられたなら、すべての汚れは消え去り、神の平和で満たされる。もはや罪はない。

体の贖い

私たちはこの体が新しくされることを求めてうめいている。パウロは言う。

「御霊の初穂をいただいている私たち自身も、子にしていただくこと、すなわち、私たちのからだが贖われることを待ち望みながら、心の中でうめいています」（ローマ８・23）

そのうめきがキリストの来臨によって終わり、万物が一新される。

朽ちない体

私たちはキリストの栄光の体を受ける。

「キリストは、万物をご自分に従わせることさえできる御力によって、私たちの卑しいからだを、ご自分の栄光に輝くからだと同じ姿に変えてくださいます」（ピリピ３・21）

それはまったく新しい朽ちない体である。

「朽ちるもので蒔かれ、朽ちないものによみがえらされ、
卑しいもので蒔かれ、栄光あるものによみがえらされ、
弱いもので蒔かれ、力あるものによみがえらされ、
血肉のからだで蒔かれ、御霊に属するからだによみがえらされる」（Ⅰコリント15・42〜44）

この体の贖いによって救いが完成する。

死はない

生老病死、私たちは老い、病を得て死ぬ。この体は朽ちていく。しかしキリストは十字架の死によって私たちの罪を赦し、聖め、永遠の生命を与えた。それによって私たちは「死の恐怖」から解放された。

キリストは「死の力を持つ者、すなわち、悪魔をご自分の死によって滅ぼし、死の恐怖によって一生涯奴隷としてつながれていた人々を解放」した（ヘブル2・14、15）。

死の問題が完全に克服されるのは、新天新地においてである。新天新地では死そのものが滅ぼされる。「死とハデスとは、火の池に投げ込まれ」（黙20・14）、「最後の敵として滅ぼされる」（Ⅰコリント15・26）。それゆえもはや「死はない」（黙21・4）。

神を見る

新天新地ではすべてが聖なる光に包まれ、私たちは「神の御顔を仰ぎ見る」（黙22・4）。汚れた人間は神を見ることができなかった。しかし新しい体を受けて聖なる者とされたなら、神を見ることができる。

全人類は一つとされ、人種、民族、部族、言語を超えて聖霊に満たされ、創造主なる神、救い主なる小羊キリストをほめたたえる。

利他

新しい体を受けたなら、死から解放されるとともに罪からも解放される。地上において私たちを悩ますのは人間関係、人と人との関係におけるトラブルだが、その問題の根源は利己心、自己中心である。自分の利益を求める者は互いに争い、傷つけ合う。

しかし新天新地では聖霊が完全な実を結ぶ。「御霊の実は、愛、喜び、平安、寛容、親切、善意、誠実、柔和、自制」である（ガラテヤ5・22、23）。「目の欲、肉の欲」は消え去り、自己を忘れ、神を愛し隣人を愛する。利己ではなく、利他のみを求める人々との交わりはなんと麗しいことだろう。友情が裏切られることもなく、愛情が憎しみに変わることもない。善意と愛、真実と喜びだけに満ちた交わりである。地上では得られなかった人と人との理想的な関係が、新しい体を受けて実現する。

天の故郷

地上の家族関係は傷つき、痛み、歪み、壊れることもある。確執が起こり、その解決に苦しむこともある。しかし天の故郷（ふるさと）に争いはない。敵意、憎しみ、悪意が消え去り、キリストの愛、赦しと平和だけが満ちている。それは私たちの本当の家族、キリストの血によって新しくされた共同体である。

たとえこの地上でどんなに孤独であったとしても、血縁者が誰もいなかったとしても、天では信頼できる家族が待っている。新天新地では、全世界、全時代の民が、父なる神の長子であるキリストの兄弟として一つにされる。新天新地では、地上の人間関係が純化され、聖められ、その最も理想的な姿が実現する。

第3節　都の相続

神の子として相続

私たちはキリストの再臨によってその妻となり、聖なる婚姻の歓びが地に満ちあふれる。それればかりではない。キリストは父なる神のひとり子だが、私たちもキリストと同じ身分を与えられ、父なる神の子とされる。私たちは子とされているので、天の都の相続権をも与えられている。

「あなたがたが子であるので、神は『アバ、父よ』と叫ぶ御子の御霊を、私たちの心に遣わされました。ですから、あなたはもはや奴隷ではなく、子です。子であれば、神による相続人です」（ガラテヤ4・6、7）

私たちは、父なる神のひとり子であるキリストと共に地上の苦難を乗り越え、キリストと共に父なる神の都の栄光を受け継ぐ。

「あなたがたは……子とする御霊を受けたのです。この御霊によって、私たちは『アバ、父』と叫びます。……子どもであるなら、相続人でもあります。私たちはキリストと、栄光をともに受けるために苦難をともにしているのですから、神の相続人であり、キリストとともに共同相続人なのです」（ローマ8・15〜17）

父なる神は宣言する。

「勝利する者はこれらのもの（神の都）を相続する。
わたしは彼の神となり、彼はわたしの子となる」（黙21・7）

旧約では「わたしは彼の神となり、彼はわたしの民となる」という祝福の言葉が語られる。しかし黙示録では「わたしの子となる」と宣言され、神の都を相続することが約束されている。私たちは永遠の都への入城を許可されているだけでなく、その都の栄光のすべてを子として相続することができる。

それゆえ天の都は、私たちの故郷、古里（ふるさと）となる。父なる神の愛、子なるキリストの恵みに満たされ、私たちは神の栄光の都で永遠に生きる。

第4節　万物の礼拝

万物の和解

キリストによる神の和解は、人間のみならず万物に及ぶ。神は「地にあるものも天にあるものも、御子によって和解させ」た（コロサイ1・20）。それゆえ人間だけでなく、全被造物が神をたたえる。

「天にあるもの、地にあるもの、地の下にあるもののすべてが膝をかがめ、すべての舌が『イエス・キリストは主です』と告白して、父なる神に栄光を帰するためです」（ピリピ2・10、11）

万物の礼拝

人間のみならず、全被造物が神と小羊を賛美する。

「また天上、地上、地下、海上のすべての被造物、
　またその中にあるすべてのものがこう言うのを聞いた。
『御座に座す方と小羊とに賛美、誉れ、栄光、権力が世々永遠にあるように』」（黙5・13）

第1章で黙示録の最初の幻である天の礼拝（黙4、5章）を見た。御座の中心から始まった賛美がうねりのように広がり、全被造物による礼拝においてその頂点に至る。天で実現している万物による永遠の礼拝が、キリストの再臨によって、新しくされた全地において実現する。

	神	礼拝者
4章	御座に座す方（御父）　永遠なる神	四つの生き物
	御座に座す方（御父）　創造主	二十四人の長老
5章	小羊（キリスト）　贖い主	四つの生き物　二十四人の長老
	小羊（キリスト）	無数の御使い
	御座に座す方と小羊	全被造物

堕落

天地創造において、創造主である神が万物を創造した（創世1〜3章）。全被造物は神によって愛されており、神と人と自然の間には美しい調和があった。神が「ご自分が造ったすべてのものを見られ」ると「それは非常に良かった」（創世1・31）。

しかし人間の犯した罪ゆえに、悪は人のみならず全被造物に及び、地上の楽園は失われた。アダムの堕落によって、人だけでなく土地も「のろわれ」（創世3・17）、自然界の調和は崩れ、弱肉強食の恐怖が地を覆った。

ノアの箱舟

人間の積み重なる罪ゆえに、全地が大洪水によって滅ぼされた時には、ノアの八人の家族と共に地上のすべての動物、またあらゆる鳥の雄と雌が箱舟に入り、大洪水から救い出された（創世7・14）。神は、水によっては二度と土地を滅ぼすことはないと約束し、契約の「虹」を立てられた（創世9・13〜15）。

被造物のうめき

しかし人間は自らの欲望を満たすために、自然を破壊し続けてきた。その結果多くの生物が消滅し、絶滅危惧種は激増している。二〇二三年には南極の氷河が解け、ペンギンのひな一万羽が溺死した。また各地の山火事によって、コアラなどの動物が数多く焼死している。人間による罪深い破壊によって、神の造られた多様な生命の存続が危ぶまれ、万物が傷つき、苦しみうめいている。完全な救い、回復を求めて、全被造物がうめいている。

「被造物は切実な思いで、神の子どもたちが現れるのを待ち望んでいます。被造物が虚無に服したのは、自分の意志からではなく、服従させた方によるものなので、彼らには望みがあるのです。被造物自体も、滅びの束縛から解放され、神の子どもたちの栄光の自由にあずかります。私たちは知っています。被造物のすべては、今に至るまで、ともにうめき、ともに産みの苦しみをしています」（ローマ8・19〜22）

万物の回復

新天新地では自然界の平和・シャロームが回復される。弱肉強食の世界が終わり、肉食獣は草食となり動物の間の敵意が消え去る。

「狼と子羊はともに草をはみ、
獅子は牛のように藁を食べ、
蛇はちりを食べ物とし、
わたしの聖なる山のどこにおいても、
これらは害を加えず、滅ぼすこともない」（イザヤ65・25）

荒れ地に水

さらに動物界のみならず、植物界にも神の平和が満ちあふれる。大地が根源的に変化し、荒廃した地は果樹園となる。イザヤはその壮大な光景を預言する。

「わたしは裸の丘に川を開く。平地のただ中には泉を。
荒野を水のある沢とし、砂漠の地を水の源とする。
わたしは荒野に、杉、アカシヤ、ミルトス、オリーブの木を植え、
荒れ地に、もみの木、すずかけの木、檜をともに植える」（イザヤ41・18、19）

「必ず、わたしは荒野に道を、荒れ地に川を設ける。
野の獣、ジャッカルや、だちょうも、わたしをあがめる。
わたしが荒野に水を、荒れ地に川を流れさせ、
わたしの民、わたしの選んだ者に飲ませるからだ」（イザヤ43・19、20）

万物の賛美

全地が贖われ、すべての被造物が神をほめたたえる。

「海とそこに満ちているもの
世界とその中に住むものよ　鳴りとどろけ。
もろもろの川よ　手を打ち鳴らせ。
山々も　こぞって喜び歌え。
主の御前で」（詩篇98・7～9）

万物の贖い、すべての生命あるものによる創造主の礼拝という壮大な光景は、聖書そして黙示録に独自のものである。私たちの思いをはるかに超えた驚くべき光景である。

来てください、主よ

天地を創造した神は、来るべき完成の時に向かって世界の歴史を導いている。黙示録は現代の世界で進行中の出来事に天からの光を当て、その動向の本流を明らかにし、私たちを覚醒させる。

この書は現代の問題の最先端の、さらにその先を見通して、私たちに広い視野と展望を与え、人類の歴史の完成について、その道筋を示し、私たちに揺るぐことのない確信と平安を与える。最終的な勝利、すべての闇が消え去り光の世界が実現することを知っているなら、私たちはその途上のどんな困難をも乗り越えていくことができる。

神の国は近づきつつあるが、まだ完全には来ていない。私たちはキリストの再臨によって現れる輝かしい神の国を待ち望みつつ、今ここで神の国を実現することに力を尽くす。

終末の時代、「竜」は憎しみで地を満たし、「獣」は暴力によって支配し、「にせ預言者」はしるしによって欺き、「大バビロン」は世の富と欲望によって人々を惑わす。しかし私たちは暴力的な世界で「小羊」の非暴力を貫き、鋭い識別力によって欺瞞の力の本質を見抜き、「二人の証人」のように真理の証言を続け、永遠に価値あるもののために、地上の貧しさを恐れず、「天のエルサレム」をめざし、平和の民として生きていく。

キリストの十字架の死は敗北に見えたが、実は決定的な勝利であった。私たちの地上の戦いも、敗北に見えたとしても、永遠の光の中で揺るがない勝利に変えられる。私たちはこの地上で、小羊キリストの逆説の王国を建設していく。

やがて万物が贖われ、全被造物が神の栄光の光で包まれる。私たちはキリストの栄光が完全に現される日を待ち望みつつ、「来てください、主よ」と祈り続ける。

黙示録はキリストの栄光の再臨、新天新地における万物の礼拝という輝かしい希望を示し、私たちにこの世を変革していく力を与える。

それゆえ黙示録は希望の書である。

注

第2章

1　「眠る」を文字通りにとる説がある。霊魂睡眠説、絶滅説と呼ばれ英国国教会の公式見解である。この説によれば人は死ぬとすべて眠りにつき、ハデス、よみと呼ばれるところに行く。そしてキリストの再臨のときにキリスト者だけが目を覚まし、復活して永遠の栄光にあずかる。それ以外の者はそのまま眠り続け、目を覚ますことはない。

それゆえエリザベス女王の国葬では故人が「rest in Him」（主にあって憩う）とくり返し語られ、天に上げられ大群衆の中で御使いや聖徒たちと共に神を賛美しているとは語られなかった。

英国国教会の司祭であるN・T・ライトはこの説に基づいて、キリスト者であっても死後に天国へは行かないと断言する。「新約聖書や使徒行伝のどこを見ても『イエスは天に昇られたので、私たちもイエスのあとを追って確実に天に行けるようにしよう』とは（それに近いことすら）誰も言っていない」（『驚くべき希望』あめんどう、二〇一八年、二〇五頁）。「死者はどこにいて、それがどんな状態であるかを描写するのは難しい。新約聖書のほとんどの記者もそれを試みていない」（『クリスチャンであるとは』あめんどう、二〇一五年、三〇六頁）。「キリスト教は『死んだのち天

国に行く』新しい道筋をイエスが提供し、実例で示し、完成したというのでもない」（同書一三二頁）

しかし新約聖書、そして黙示録は単なる「眠り」を超えたより輝かしい希望、天における大群衆の賛美を明確に約束している。もしすべての人が眠りについているのなら、天には御使いしかいないことになる。では黙示録の7章でヨハネが見た「天の大群衆」とはいったい誰なのか。

2　内村は深い悲しみの中で、信仰の眼を持って天の国を仰ぎ見、やがて地に来られるキリストの栄光を見た。そして自らの内なる「現世的信仰」、現世利益的な信仰を悔い改めた。彼は書いた。「余は余に残りしすべての野心をルツ子の亡骸と共に彼女の墓に葬った。……余は今は意志的には水母のごとき者となった。余は今、神に使われんと欲するより他に意志もなければ野心もない、計画もなければ大図もない。……余は余の愛女と共に墓に葬られしやうに感ずる。……今より後、余の身より何にか少しなりと真実神の聖旨にかなう事業ができるのであると思ふ」（「愛女の墓に葬る」一九一五年）

第5章

1　R・ボウカムはこれらを「二つのグローバル化」と呼んでいる（『聖書と政治――社会で福音をどう読むか』「第二版への序」、二〇一七年、いのちのことば社）。

第6章

1　ロナルド・J・サイダー『イエスは戦争について何を教えたか――暴力の時代に敵を愛するとい

うこと』二〇二一年、あおぞら書房

2 同書一八頁

3 同書一九〇頁

4 同書二六九頁

5 G・シャープ『非暴力を実戦するために（権力と闘う戦略）』彩流社、二〇二二年

6 『聖書と政治――社会で福音をどう読むか』、二〇一七年、いのちのことば社一四八頁

第7章

1 『こんちりさんのりやく』キリシタン書・排耶書（岩波思想体系25）岩波書店、一九七〇年、三六八頁

2 同書、三六二頁

3 M・トラウトマン『ナチスに声を上げた男』教友社、二〇二一年

第10章

1 G・E・ラッド、ミラード・J・エリクソン『キリスト教神学』第4巻、いのちのことば社、二〇〇六年、四三五、四三六頁

N・T・ライトは「アパンテーシス」（出迎え）について同様の議論をし、その結論としてすべての「携挙神学」は誤りであり「携挙」そのものも文字通りには起こらないと断言する。これはきわめて粗雑な議論である（『驚くべき希望』あめんどう、二〇一八年、二二九頁）。

2　G・ヴォス、J・マーレイ、C・ホッジ、G・E・ラッド、R・H・ガンドリー、F・F・ブルース、T・E・マコミスキイ

3　G・E・ラッド、安黒務訳『終末論』いのちのことば社、二〇一五年、一八七頁「訳者あとがき」

4　G. E. Ladd, *The Blessed Hope* (Eerdmans,1956); *The Rapture: Pre-, Mid-, or Post-Tribulational?* (Zondervan,1984)（特にその中のD. J. Mooの論文pp. 169-211を見よ）; R. H. Gundry, *The Church and the Tribulation: A Biblical Examination of Posttribulationism* (Zondervan,1973)

第11章

1　無千年期説、後千年期説はすべて「開始された終末論」である。この終末論は十七世紀のオーウェン、ホイットニー、十八世紀のJ・エドワーズなどのピューリタンたちに共通していた。さらにその終末論は十九世紀のチャールズ・ホッジ、シェッド、ウォーフィールド、ストロング、二十世紀のボエトナーなどに受け継がれている。

この説を採る人々の多くは、終末的患難に関する預言のほとんどは、紀元七〇年のエルサレム崩壊で成就したと解釈する（J. Davis, *Christ's Victorious Kingdom: Postmillennialism Reconsidered* [Grand Rapids: Baker, 1986], p. 114）。

2　H. Berkhof, *Christ The Meaning of History* (1962), Tr. by L. Buurman (Grand Rapids: Baker, 1979)

あとがき

揺らぐ終末論

本書の出版のきっかけは、二〇二二年八月ＪＥＣＡ南関東地区夏期聖会での講演である。「福音宣教に生きる・終末に忍耐と希望を持って」というテーマで奥多摩で四回話したが、そのとき福音派の終末論が大きく揺らいでいることに気がついた。

最初にこの問題を指摘したのは妻美知子だが、聖会でお会いした大学ＫＧＫの友人、Ｋ氏と夫人もこの点を深く憂慮しておられた。

強い影響を与えているのは、Ｎ・Ｔ・ライトの終末論である。再臨はない、新天新地もない、死後に天国へは行かないと強調している。

彼の救済論はすでに批判されているが、その終末論の全体を批判した本はまだない。彼の

『驚くべき希望』の出版から十三年、邦訳から五年が経つが、まだ一冊も本格的な反論の書が出版されていない。

イギリスのボウカム師にも確認したが、ライトの終末預言七〇年完全成就説への批判の書は出版されているが、その終末論の全体を論じた書は出ていないとのことだった。ちなみにボウカム師は彼の七〇年成就説を「He is wrong.（間違いだ）」と断言している。

聖書の警告を無視し、未来に患難期はない、再臨もない、新天新地もないという奇妙な「終末論」が、なぜこれほど世界に広がっているのだろうか。

試行錯誤

筆者は二〇〇二年の『小羊の王国』で、当時強い影響を持っていた前患難期説、患難期の前に教会は天に上げられるという説の問題点を指摘した。これは日本語では初めての本格的な批判の書であったが、その後二十年余り、各地で講演し、第10章で述べたように多くの方々に理解していただいたことに感謝している。

これで与えられた使命は果たしたと思っていたが、患難期を通らないどころか、患難期そのものが存在しない、キリストの再臨はない、この世は終わらないという極端に楽観的な終末論が広く受け入れられていることに驚いた。

反論を志したが何しろ類書がない。どのように論じればよいのか、暗中模索の日々が続いた。『小羊の王国』で論じた後患難期説に関しては、一九五〇年代にアメリカで論争があり決着がついている。論点も整理されており関連の書物も出版されていた。

しかし今回は状況が異なる。彼の終末論に対して何をどのように論じればよいのか。なぜこのような終末論が二十一世紀になって現れ、世界でこれほど広く受け入れられているのか。

二〇二二年九月に、エヴァンジェリカル・コングリゲーショナル・チャーチ・ジャパン・リトリートで「私たちの真の希望——終末と再臨」と題して、世田谷経堂で話しながら考えた。

北海道合同教職者会

悩みつつ学びを続けていると、二〇二二年十月に、第七回北海道合同教職者会で、「終末に生きる教会」と題して講演する機会が与えられた。コロナ禍の中、対面での集会だったが、北海道各地からさまざまな教派の六十名の牧師の方々が日高に集い、共に終末論を学んだ。北海道独自の超教派の研修会である。

初日の講演を終えた後、運営委員会の方々と話し合い、現在問題となっている終末論に言及することを認めていただいたので、二日目、三日目に話すことができた。彼の終末論とその克服の道をはっきりと語ったが、多くの方が理解してくださり、励ましの言葉もいただいた。感謝である。

講演のＤＶＤ販売を申し出てくださったが、まだ議論が不充分なところが多くあるので、本の形でいずれきちんと論じることを約束し、販売は控えていただいた。

この北海道講演のレジメを読んでくださった「いのちのことば社」編集部の方々が、「本の形で読みたい」と出版を決めてくださった。いのちのことば社の方々、特に具体的にお世話になった田崎学氏に感謝する。

ホーリネス教団牧師研修会

その後、学びを深め論点を整理し、原稿を二〇二三年の春にまとめたが、六月に東京ミッション研究所とホーリネス教団共催の牧師研修会で「黙示録の終末論」について話す機会が与えられていた。二泊三日で九十分五回、計七時間半の長い講演である。

そのため東村山での講演で本の内容を話し、ご意見をいただき、修正したものを出版することにした。五回の講演のテーマは、預言、再臨、患難期、新天新地、天国であり、最近の終末論の問題点を詳しく語った。講演を熱心に聞いてくださり、コメントをいただいた方々に感謝する。

講演では教職者の方々を対象に五つの点について論じたが、このまま本にすると読者が限定される。そのため全面的に改稿した。

これまでの二冊の黙示録の書（『小羊の王国』『ヨハネの黙示録注解』）が、主にキリスト者向けだったので、未信者の方々にもわかる黙示録の本を書きたいと願った。

それゆえ黙示録の「希望」に焦点を合わせ、多くの人々に真の希望を知っていただけるようにした。

新しい宗教改革

当初は批判を中心としていたが、推敲していくうちに、批判は希望に吸収されていった。構成を工夫し第1～9章、12章は、黙示録また新約聖書の「希望」について、最も重要な点をできるだけ分かりやすく書いた。この部分が本論であり、伝道のために用いていただければと願っている。

ライト終末論の直接的な批判は第11章第2節のみだが、この点に関心のある方は第10、11章を読んでいただきたい。

ライトが無千年期説の極端なかたちをはっきり提示してくれたので、その対比として歴史的前千年期説を語ることができた。そして初代教会の終末論に帰ることの重要性を痛感した。十六世紀の宗教改革から五百年、終末論を中心とした新しい宗教改革が求められているのではないだろうか。

礼拝説教、福音宣教、平和の民

さらに二〇二三年の夏に「黙示録の希望」と題して、牧する教会の礼拝説教で十回のメッセージを語った。説教として話すと新たなことに気づかされる。熱心に聴き、祈ってくださった教会の方々に感謝する。

その後十月に日本基督教団関東教区教師部研修会で、「御国の完成の日に向かって宣教する教会」と題して、大宮で聖書の終末論について語った。福音宣教こそが教会に与えられた終末的使命である。終末の時代、教団や教派を超えて、私たちは一つとなって約束の国を目指して進むことができると確信した。

さらに十二月にはＪＥＡ（日本福音同盟）社会委員会主催のセミナーで、終末と平和についての講演の機会を与えられた。戦争が世界に広がりつつある時代に、どのようにして平和を実現するのか、非暴力の書である黙示録から語った（この講演は、「終末の時代に平和の民として生きる」と題して二〇二四年にＪＥＡから出版された）。

このように講演を通して、また聴衆の方々との対話によって、この本は形成されてきた。第10章第2節で言及した教団の方々と共に、この二年間の六回の集会の参加者に心から感謝する。

黙示録の希望

この書の議論の基となっているのは、二十三年前にイギリスのセント・アンドリューズ大学で書き上げた黙示録の構造に関する博士論文である。ボウカム師の推薦により在学中にリーズ、グラスゴー、エディンバラでのイギリス新約学会、神学会で、論文の内容を発表する機会が与えられた。

論文では、黙示録を対比表現に注目して分析し、その神学的、終末論的構造を明らかにした。発表では、"Irony in Revelation:Paradox、Parody、Perspective"と題して、論文の骨格を図や表を使って説明した。

黙示録を概観すると（本書二三頁）、「獣の国」と「小羊の王国」が対比されている（同九六頁）。両者は、創造者と被造物として存在の次元が根源的に異なっている（同九九頁）。それにもかかわらず、「獣の国」は神の国を稚拙に模倣する（パロディ、同一五八頁）。地上では「獣の国」が存在しているので、神の国は「小羊の王国」として逆説的に現される（パラドックス、同二七八～二八一頁）。

闇の力の本質を見抜き、戦いに勝利するためには、天の視点と完成の視点、二つの新しいパースペクティブが必要である（同三二頁）。

黙示録の優れた注解書で知られるケンブリッジ大学のＪ・Ｐ・スィート氏は、審査官として論文を読み、深く理解し高く評価してくださった。審査後に、「私はこの論文から多くのことを教えられた」と笑顔で握手を求められた。大きな励ましである。

終末の時代、地上に苦難の時があるが、それは「産みの苦しみ」であり、やがて輝かしい永遠の世界、新天新地が実現する。

闇の力に屈することなく、最後まで、希望を持って、真理と正義の道を歩み、恐れることなく証言を続けるよう、黙示録は私たちを励ましている。

希望が失われつつある現代世界において、私たちはどこに希望を見いだすことができるのだろうか。

黙示録の中に、その希望の光が輝いている。

二〇二四年六月

著　者

岡山英雄（おかやま・ひでお）

1954年大阪に生まれる。東京大学文学部、聖書神学舎卒業後、東京、神戸で牧会。米国、ゴードン・コンウェル神学校、英国、セント・アンドリューズ大学で黙示録を研究。哲学博士。現在、日本福音キリスト教会連合・東松山福音教会牧師。埼玉県在住。
著書に『小羊の王国――黙示録は終末について何を語っているのか』『天国と極楽――キリスト教と仏教の死生観』、『キリスト者の戦争論』（共著）、『ヨハネの黙示録注解――恵みがすべてに』など、訳書に『ヨハネの黙示録』『ローマ人への手紙』（ティンデル聖書注解シリーズ）などがある。

黙示録の希望
――終末を生きる

2024年７月20日発行

著　者　岡山英雄
印刷製本　モリモト印刷株式会社
発　行　いのちのことば社
〒164-0001 東京都中野区中野2-1-5
電話 03-5341-6923（編集）
03-5341-6920（営業）
FAX 03-5341-6921
e-mail:support@wlpm.or.jp
http://www.wlpm.or.jp/
新刊情報はこちら

ISBN978-4-264-04509-0